自分が輝く７つの発想

ギブ＆テイクからギブ＆ギブンへ
（『ギブ&ギブンの発想』改題）

佐々木かをり

知恵の森文庫

光文社

7つの発想

Give & Given

ギブ＆ギブンの発想

ギブ＆テイクからギブ＆ギブンへ。
まず自分から「与える」ことが前進するエネルギーになる。

Win-Win

ウィン-ウィンの発想

勝ち負けでなく「一緒にプラスになる」という
ウィン-ウィンの人間関係が、成功の秘訣である。

I am proud

アイ・アム・プラウドの発想

誇りとは、自分に敬意を払うこと、自分を尊ぶこと。
誇りを持ってこそ、世の中に貢献できる。

Choice

チョイスの発想

人生は選択の連続。「自分が選んでいる」という認識を持つだけで、
人生は大きくシフトする。

Communication

コミュニケーションの発想

コミュニケーションとは、相手と共通の理解をしながら、
前に進んでいくこと。

Responsibility

リスポンスビリティーの発想

「責任」から「対応する能力」へ。
「自分の最高」で行動しつづけると、世の中に変化が起きる。

Mission

ミッションの発想

誰にでも、地球に生まれてきた理由がある。
私の役割は何なのだろうか。

目次

装丁　坂川栄治《さかがわえいじ》・藤田知子《ふじたともこ》（坂川事務所）
企画編集　深澤真紀《ふかさわまき》（タクト・プランニング）

はじめに

二〇代で会社を設立し、ネットワークや国際会議を主催したり、ニュース番組でリポーターやキャスターを務めながら、講演に立ち、執筆活動も行ない、夫もいて、子供もいる、というと特別な人のように聞こえるかもしれない。

私は、日本で生まれて、日本で育った。横浜山手にあるカトリックの幼稚園に通い、国立の小学校と中学校で学び、県立の高校に進学。その後、アルバイトをしながら英会話学校に通い、私立大学に進み、奨学金で九カ月間（一学年分）のアメリカ留学を体験した。最初で（今のところ）最後の海外生活である。大学では、学費（当時、年間約一〇〇万円）をアルバイト代から捻出していたために、卒業する頃には働くことに新鮮さを感じられなくなり、就職活動はほとんどしなかった。結局、卒業後は、起業するまでほとんどをフリーランスで仕事をしてきた。

一〇代の頃は、大好きなミュージシャンのコンサートにばかり足を運んでいた。そこで会った女の子たちの影響か、そのミュージシャンの発言の影響か、女として、結婚して子供を育てることが摂理だと信じていた。二〇代半ばで結婚して、三〇歳くらいまでには二人くらい子供を産まなければ、と考えていたのだ。しかもどうせそうなら、究極を目指したい。家では着物を着て家事をこなし、夜には三つ指をついて夫を迎えようなどと、自分の「理想の人生」をぼんやり描き始めていた。

でも私が結婚したのは三二歳のとき。子供を産んだのは三五歳と三九歳。そして、今でも仕事を続けている。

この本は、そんな私が、自分だけの小さな世界から、自分の足で人生を歩み始め、社会の中に足を踏み出し、起業をしたり、結婚をしたり、子供を育てたり、ニュースリポーターとして各国を見たりして感じてきたことをまとめたものだ。今までの人生で、私が前に前にと進んでいくためにエネルギー源として使ってきている数々のキーワードを中心に、生きていくための前向きな発想、「ギブ&ギブンの発想」を皆さんと分かち合えればと思っている。

「フリーランスの通訳」の仕事を始めたのは、一九八〇年代の前半。まだ男女雇用機会均等法もなく、多くの女性の友達は事務職として大企業に就職していった。留守番電話も、ファクシミリも、ポケベルも、携帯電話も、ワープロも、コンピュータもほとんどなかったその頃、フリーランスという形で仕事をする人も少なかったし、仕事をする環境は、社会的にも技術的にも整っていなかった。しかし、通訳の仕事を通して学んだことは多かった。まず、通訳として会議に出たり、コンサートを見たり、人材トレーニングに関わったりもした。海外からのたくさんのビジネスマンに会ったり、有名ミュージシャンにも出会った。予想もしなかったそんなさまざまな経験が、私にとっての宝物となっていった。なぜなら、多くの人たちの発想に触れ、表現方法に接することで、私の視野が広がったからだ。まわりの人たちを愛し、自分の生き方を信じ、世の中に変化を起こそうとしている人たちがこの世の中にたくさんいることも知った。人生の選択肢がいかに多数あるかも実感した。一人の人間が動くことで社会が動くこともあると体験したし、そして何より、自分の人生は自分でつくっていくものだということを教えられた。

数年後、一九八七年に、私は「ユニカルインターナショナル」という株式会社を設立した。外国語に堪能《たんのう》な通訳者や翻訳者が、言語マシーンのように使われている仕組みを変えたいと考えたからだった。彼ら彼女らは、異言語や異文化についての豊富な知識や体験を持っている。そんな有能な通訳者や翻訳者たちの、言語能力と、業界知識や文化的知識などの付加価値を総合的に活用して、企業に提供するシステムをつくったのである。国際コミュニケーションにおけるコンサルティング業として、現在は約七〇言語を操る約二〇〇〇人のネットワークメンバーと、次の三つの柱で仕事をしている。一つは、企業内コミュニケーションのスタイルガイドの作成、及び、PRやマーケティング関連ドキュメントの外国語化、日本語化。二つめは、バイリンガルのホームページ制作を含む、ウェブ・コミュニケーションのコンサルティング。三つめは、女性をターゲットとしたマーケティング戦略のコンサルティングである。

会社設立の二年後に、「NAPW」(ネットワーク・フォア・アスパイアリング・プロフェッショナル・ウィメン＝プロ意識のある女性のネットワーク)という名称の、営利を目的としないネットワークを設立した。三〇歳になる頃、ようやく社長としての自覚を持ち始め、仕事をするうえでの目標を考えるようになった私は、結婚や出産で次々と社会から去っていった同年代の女性の友人たちを見て驚いた。きっといるであろう、やる気のある働く女性とたくさん出会いたいと思い、アメリカの女性組織約五〇団体の資料を、一年かけて調査分析しながら、私が欲している理想ネットワークをつくったのだ。現在、NAPWは全国各地と海外を合わせて約三〇〇人のメンバーがいる。オンライン会議室や毎月のミーティングなどを行なっている。

幸運にも、「ニュースステーション」（テレビ朝日系）という番組のリポーターにも採用された。会社社長をしながらのスタートだった。リポーターの役割もよく心得ないままに、取材で二五カ国以上を旅し、数多くの人と出会い、考える機会に恵まれた。複数の難民キャンプで人々の生活を見たり話を聞き、内戦による被害を実感した。また、南アフリカのアパルトヘイト（人種隔離政策）の取材では、私も足を銃で撃たれたり、黒人の友人と一緒のときに根強い人種差別を体験し、涙を流したこともあった。

日本で暮らしていたら、とうてい体験しえないような経験をし、場面に遭遇したことから、私がこうして日本で暮らしていることが、どれだけ恵まれていることなのか、心の底深くで感じ取った。その後、それらの体験を生かして、「CBSドキュメント」（TBS系）という番組で、アメリカの報道番組として三〇年以上ナンバーワンの実力を持つCBSネットワークの「六〇ミニッツ」という番組を紹介するアンカーを務めた。

九三年からは、女性起業家ワークショップも開催してきた。女性が経済的に自立していくことの意味の大きさを知ったからである。

また、九六年からは、前向きな女性たちが数百人数千人単位で集まったときのパワーを体験してほしいと、「国際女性ビジネス会議」を毎年主催している。毎年夏になると、全国各地、また、海外から集まってくる。誰でも参加できるが、六回までの平均年齢は三四歳、平均年収が六二〇万を超えるような、それでいて、やさしくエレガントな（?）女性たちがエネルギッシュに輪を広げる「場」となっている。

同じ九六年、インターネットには、これからの女性たちにとって必要不可欠だろう、と誰でも簡単にインターネットが活用できるように「ウィメンズ・ゲートウェイ」（女性たちのための入り口）という名前のホームページ（http://www.women.co.jp/）を開設している。

そして二〇〇〇年九月、今までのすべての思いを集結させてeWoman（イー・ウーマン）という名前のコミュニティーサイトを立ち上げた。後でくわしく述べるが、これからの社会では、性別も、職業も、住んでいる場所も、年齢も超えて、一人の人間として、発言し、提案し、責任を持って、お互いにかかわっていくことが大切だと考えているからである。

ジャーナリストの夫とはお互いのスケジュールが合わず、平日こそ一緒の時間をゆっくり過ごすことはないが、とても幸せな結婚生活を送っているし、愛する子供たちとは毎日朝晩、楽しい時間を過ごしている。

「自分の人生は、自分でつくるもの。

理想の人生は、自分の中にある」

そんなふうに考えたとき、まず、自分を受け入れて、リラックスして認めて、歩き出すことが、うまく前に進む人生の秘訣ではないかと思う。この本を読みながら、皆さんにも、人生の途中、生活の手を休めて、ちょっと立ち止まって、少しの間、私と一緒に心の視点で、自分の人生を感じ取ってみてほしいと思う。そして、私の生き方の基盤となっている「ギブ&ギブンの発想」から、皆さんが、皆さんなりの生き方のヒントを見つけてくださったなら、これ以上の幸せはない。

「与える人」でいつづける
――ギブ＆ギブンの発想

ギブ＆ギブン、ギバーでいつづけること

「人はギバーかテイカーのどちらかなの。どちらでもない、という人はいないわ。でも何より大切なことは、本人の意志次第で、そのどちらにも一瞬のうちにシフトできるということなのよ」

私が通訳として出会った、アメリカ人のトレーナー（セミナー講師）のダーシー・ニールさんが、こんなことを言ったことがある。彼女が言う「ギバー（Giver）」とは、ギブ（Give）する人、与えている人、ということ。そして、「テイカー（Taker）」とは、テイク（Take）する人、奪っている人なのである。

これらの英語自体も聞き慣れないし、ましてや日本語では、「与える」というと、どう

しても、物に対して使う言葉になってしまっている。しかし、この「与える」とか「与える人」というコンセプトは、周りのために、積極的に行動を起こしている人だったり、考えを提供する人、建設的な発言をする人、笑顔を振りまく人を指す。人生でも、社会でも、周りに「プラスの影響を与えている人」ということになる。

一方、「奪っている人」とは、その場を吸い込んでしまうような、ブラックホールのような人。たとえば、無表情で意思がわからない人。前に進むことに抵抗をして、全力で足踏みをしてしまっているような人。前に進んでいる人の悪いところを探して、批判や非難をする人、周りの人を後ろ向きにさせてしまう人など。まるで、燃えあがっている炎を一瞬のうちに消してしまう消火器みたいな人のことである。

ギバーもテイカーも日々の何気ない言動に表われる。

「今まで電話やファックスでの連絡に時間がかかりすぎたので、話し合いをしてきましたが、次回からこの会ではメンバーへの連絡事項はすべて電子メールを使うことになりました」という幹事の発表に対して、「どうして? 前回休んでいたから知らなかった。全員の承認を得ないなんていうのはひどいですね」という発言。非難するだけで、前に進むための解決にはつながらない。テイカーである。また、その場では何も発言せずに、後で「勝手に決めるなど許せない」などと陰口を言っているのも、テイカーの典型。気がつきにくいが、何もしない、何も言わない、という行動も、その場を凝固させて動かなくさせてしまうという、強力な奪う方法の一つなのだ。テイカーがいると、場の活気溢れるエネルギーがブラックホールに吸い込まれるように、その人に奪われてしまう。同じ状況でも「すみません、私前回欠席したので、できれば簡単に決定の経緯を話してもらえますか?」だったら、前に進むだろう。

先日、出勤をしようと駅に向かって歩いていたら、近くの公園でシャベルを片手にしゃがみ込んでいる年配の女性が目にとまった。何をしているのかとのぞいてみたら、公園の入り口にパンジーの花をいくつも植えているのだ。かっぽう着姿の彼女が公務員として仕事で植えているとは思えない。たぶん、自分の家の近くの公園をきれいにするために、周りを歩く人たちの気持が休まるようにと、自分で花を植えようと考えたのだろう。思わず、私の背すじがのび、その彼女の後ろ姿に心が洗われた。彼女はギバーである。自分がやったということを知ってほしいとか、誰かに評価してもらうために行動をしているのでなく、みんなのために、相手のために、という考えに基づいて行動しているからである。日常の中では、いつも笑顔で明るく挨拶をしたり、周りの人に安心感を与えている、改善していくために建設的な意見を出している、失敗談であってもオープンに話してくれる、などもギバーの要素である。

そんなふうにギブとテイクという言葉を認識すると、日頃よく耳にしている「ギブ&テイク」という表現が気にかかるようになった。

英語に忠実に訳すと、「ギブをしたのでテイクする」つまり「与えたので奪う」ともなりうるからである。もっと悪く解釈すると、相手からテイクする、人から奪うための条件として、自分の方からも何かを差し出す、という駆け引きのイメージさえ感じられる。これでは本来、平等を意味していたはずの言葉の意味が逆転してしまう。

英語を母国語とする人は、「そんなイメージないよ」と言う。しかし「テイク」のイメージを無意識のレベルでどうとらえているかは、わからない。私自身は、言葉は無意識のうちに、私たちの行動や考え方に影響を与えている、と感じることがある。

「ギブ&テイク」という言葉を口にしていると、私の潜在意識の中で、与えたのだから、奪っても、もらっても当然、という認識を育ててしまうかもしれないと考えた。それに妥協のイメージもある。もし「もらって当然」という考え方を持ってしまったら、そこには、与え合う精神は育《はぐく》まれないだろう。ましてや、お返しが来るかどうかもわからないものごとには、自分から提供するという姿勢を持ちにくくなるだろう。周りの人から思いやりをかけてもらうこと、情報をもらうこと、助けてもらうことは、当然のことなのだろうか？　自分からも与えていない限り、ただ相手から奪っていることになりはしないだろうか。私は、どんな環境下でも人から奪うのは避けたいと考え、「ギブ&ギブン（与え、与えられる）」という発想で生活していくことにした。テイクという単語は、私の辞書から消したのである。

まず、自分から与える、ギバーになるということを常に意識する訓練を始めた。相手にしてほしいと願うことがあるのなら、まず自分からそれを始めてみる。こんなふうになってほしいと思う姿に、まず自分がなってみる。先に与えることで、相手から与えてもらえれば、幸せである。もちろん、与えても、与えても、残念ながら相手から何も返ってこないこともあった。でも、私の与えている姿をきっとどこかで、誰かが見ているだろうと楽観的に構えている。いつか、もしかすると、違うところから与えられることもあるだろうから。

しかし、今まで自分がギバーだったのかテイカーだったのかが問題なのではない。大切なのは、本人の意志次第で一瞬のうちにギバーにもテイカーにもなれる、ということである。

「ギブ&ギブン」という言葉は、自分の行動や発言をチェックしていくための道具として効果的だ。時間を与えたり、情報を与えたり、笑顔を与えたり、意気込みを与えたり。私は、「自分から、まず与える」ということを自己訓練の一つだと、自分に言い聞かせてい。損得感情でものを考えることほど空しいことはないし、他人から奪おうとしても何もる。うまくいかないも、会社でも、家庭でも、社会でも、学校でも、ネットワークでも、どこでも、まず自分の考えや体験などを与えている。

たとえば、ネットワーキングに参加したとき、どんなよいことが待ち受けているのだろうかと考えるのはごく自然なことだ。新しい仕事について、どんな実り多い体験が待っているのだろうかとわくわくするのも、よくわかる。でも、それらの体験は、待っていてもやって来ない。自分からつくり上げていくものだからだ。

私が主宰しているネットワークに参加する人たちに、はじめに必ず言うことがある。

「刺激ある出会いがほしいと思ったら、まず自分自身が他の参加者にとって刺激ある人でいてください。情報がほしいと思ったら、まず自分から情報を提供してください。ネットワークは参加メンバーによって質が決まります。参加メンバーが、皆、『素敵な人に会いたいわ』と受け身で待っていたら、素敵な人は現われないのです。あなたが、『素敵な人』になってください。ネットワーキングは、ギブ＆ギブンです。ほしいものを、まず自分から与えてください」

ギバーでいつづけることは、あらゆる関係がうまくいく秘訣だと信じているし、私は活用してきている。

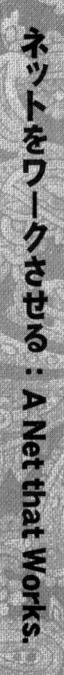

ネットをワークさせる：A Net that Works.

ネットワーキングという言葉は、飽きるほど使われるようになったが、私は、その本当の意味をとらえるなら、とても大切な考え方だと思っている。私たち一人ひとりが、自分の資質で評価されるようになり、インターネットなどを活用して個人として発言したり、仕事をしたりするようになると、絶対と言っていいほど鍵となるのは、ネットワーキングであり、それをいかに巧みに活用できるかなのである。

ネットワーキングという言葉は、たいてい人脈という意味で使われてきていると思う。勉強会に参加して、何人かの人と名刺交換をすると、「ネットワーキングをした」と感じる。〇〇ネットワーク、とか〇〇勉強会に参加すると「ネットワーキングしている」気になる。人と出会うことがネットワーキングだという錯覚に陥っている人はたくさんいるのだと思う。しかし、人と出会うことはあえて言えば、ネットメイキング。人と人のつながった「網＝ネット」ができたということにすぎない。人と人の網、いわゆる、人脈ができただけの状態だと私は考えている。

では、ネットワーキングというのは、なんだろうか。ワーキングというのは何を意味するのだろうか。

ワーク（Work）という言葉の意味はご存じだろうか。ほとんどの人は「働く」とか「勉強する」という日本語に置き換えて記憶しているだろう。しかし、ワークという単語は本来、「機能する」とか「役に立つ」とか「うまくいっている」という意味なのである。

もし学生が、「アイ・アム・ワーキング（I am working.）」と言えば、「私は勉強している」という日本語訳になるし、社会人であれば「私は働いている」となる。なぜなら、それぞれの人間が「機能」している状態を日本語では、勉強しているとか働いているとかの単語で表現するのが普通だからだ。

ネットがワークしている状態とは、人脈が機能している状態であり、人と人の網が役に立っている状態を意味するのである。ということは、お互いがお互いのために情報を提供し、思いやりを与え、サポートし合っている状態が、ネットがワークしている状態なのだと思う。

私が会社を設立したのは、ネットをワークさせたかったからである。最近は、会社をつくりたい、独立したい、と考える人が増えてきているようで、私もどんなきっかけで会社を設立したのかと聞かれることも多い。私の場合ははじめから起業を考えていたわけではなく、仕事をするうちに、自分の周りにいる人たちが、より実力を発揮でき仕事に貢献できる仕組みをつくりたい、と考えたのである。

大学を卒業した一年後に、フリーランスの通訳者として仕事を始めた私にとって、当時のフリーランサーのあり方にはたくさんの疑問があった。当時は、まだ、留守番電話が普及していなかった。ポケベルも普及していなかった。もちろん携帯電話はなかった。自宅にはファックスもなかったし、コンピュータどころか、ワープロさえ普及していなかった。仕事でテレックスを使い、手動、時に電動のタイプライターを使っていた。日本語は、すべて四〇〇字詰めの原稿用紙に書いていたし、契約書などの書類は、タイプセットをしてくれる会社に依頼して、何日も待った。

だから、フリーランサーとして、仕事で出かけていると、独り暮らしの自宅にかかってくる新しい仕事の電話を受けることができない。なんとも非合理的だと悩む中で、次第に、大学時代の同級生でフリーランスの通訳者として活躍していた数人と、仕事を分かち合うようになったのだ。私のところに電話がかかり、偶然同じ日に二つの仕事を依頼されたら、断るのではなくて、友人に仕事をまわした。同様に、友達から仕事を紹介してもらったりもした。また、「あなたのような人、他に三人いないかな?」と尋ねられたら、友人に声をかけて一緒に仕事に行った。そんなサポートシステムが、フリーランサーのギルドのような形で発展していったわけである。その後、会社組織でないと仕事を依頼できないというクライアントが出てきたのが引き金となって、法人化することにしたのだ。

複数の言語を理解し、複数の文化の体験を持つ人材を、翻訳の機械のように使ってしまうのではもったいない。彼らの能力を多面的に活用できるようなシステムをつくることで、フリーランサーは自分の才能を多角的に発揮できるし、企業側は、文化面でのアドバイスも受けられる。一九八七年、㈱ユニカルインターナショナルは、そんな思いで設立した。

通訳者、翻訳者、ライター、コピーライター、アナウンサー、ジャーナリストなど、バイリンガル、マルチリンガルという人たちのネットワークを組織して、国際的なコミュニケーションをコンサルティングすることが、会社の目的である。コミュニケーションのコンサルティングとは、読み手の心理を考慮したメッセージの伝え方を考え、つくりあげるということである。たとえば、企業のコミュニケーション・スタイルブックの作成。どのような単語を使ってどのように表現していくと、企業のメッセージが社内、社外と一貫性をもつのかというリポートとマニュアルを作成する。また、海外の市場向けにマーケティングや広報活動をする場合の、言葉の使い方、メッセージの伝え方などのコンサルティングと制作。会社パンフレットやホームページの企画、翻訳、デザイン、制作、また、社長のスピーチ原稿、プレスリリース、記者会見の仕方、人事マニュアル、オペレーションマニュアルなども行なっている。

最近は、インターネットの発展にともない、ウェブ上でのコミュニケーションのコンサルティング、バイリンガルホームページの制作、女性をターゲットとしたマーケティング戦略のコンサルティング、子供向けのマーケティングなどの仕事も増えている。くわしくは、ユニカルのホームページ（http://www.unicul.com/）を見ていただきたい。

この「外国語ができる人たちのネットワーク」こそが、私が初めて、「ネットをワークさせる」というコンセプトを形にしたものだった。のちに、「リンガプラスネットワーク（言語＋付加価値のネットワーク）」と名付けた。言語スキルと、専門知識などの付加価値を提供できる人のネットワークとして、現在約七〇言語、約二〇〇〇人のメンバーがおり、彼らはユニカルの登録スタッフとしても機能している。

このリンガプラスネットワークに参加するための条件は、三つある。「母国語以外の言語を使えること。付加価値を提供できること。ユニカルのポリシーに賛同していること」

である。ユニカルのポリシーというのは、まとめると、『目的を明確にして、それを達成するために「自分の最高」で仕事をすること』であり、『一緒にプラスになる（ウィン－ウィン）』ことである（ウィン－ウィンについては後でくわしく述べたい）。言語能力のみで評価してしまっては、その人の評価が一面的になってしまうと思い、避けたのである。ネットワークに参加し、積極的に交流し、相互に関わっていくことによってお互いが刺激を与え合い、成長していく組織でありたい、そう考えたのだ。

クライアントにしてみても非常に大きなメリットがある。通常の翻訳会社に翻訳を依頼したら、依頼したものが単純に外国語、あるいは日本語に置き換わって戻ってくるのだが、ユニカルに頼むと違う。最終的に使用される目的に合わせて、具体的にアドバイスをしながら内容を変更したり、編集したり、リライトしたり、校正したり、デザインしたり、必要であれば印刷したり、ＨＴＭＬ化までして電子メールなどで納品する。そのクライアント向けの特別用語集をまとめたりもする。また、日本語の原稿がなくても、目的を理解し、その文化背景を考慮して異言語で制作していく。今まで翻訳会社に頼んだがうまくいかなかった、使えなかった、というクライアントから高く評価していただいている。

二〇〇〇人、七〇言語のメンバーには、ロックンロールに強い英語通訳、化粧品にくわしいフランス語通訳、雇用や人事教育に強い北京語通訳、コンピュータに強い英語通訳など、各分野の経験豊かなスタッフがそろっている。それぞれのプロジェクトを通して、クライアントとの「ネットをワーク」させているのである。

ビジョンは燃料、目標はものさし

「どうやって英語を勉強したのですか？」という質問をよく受ける。「帰国子女かと思っていました」という人もいる。最近は、NHKラジオ「やさしいビジネス英語」でおなじみの杉田敏《さとし》さんのインタビューを受けて『英語の達人』（ディーエイチシー）に載っているせいか、「さすが、英語の達人ですねえ」などと言われたりする。

私は達人ではない。わからないことだらけだ。しかし、日本で生まれて日本で育ち、一九歳から二〇歳にかけて、九カ月間アメリカに留学しただけだから、私が英語の勉強について話すことは多分、多くの人の参考になると思う。

私自身が英語の勉強を通して学んだことに、ビジョンと目標の意味がある。ビジョンと目標の組み合わせを理解して活用すると、やりたいことを実現させることができる。ビジョンと目標は、私が前に進んでいくのに重要な役割を果たしてきているのだ。

英語を勉強したいという人はたくさんいるようだ。そんな人に英語の勉強法を聞かれると、私はまず「目標は何ですか？」と尋ねる。するとほとんどの人が「英語で、日常会話くらいは話せるようになりたいんです」とか「商談とはいかなくても、せめて、ビジネスでの会話程度はできるようにしたいですね」という。英語習得の目標に「日常会話程度」と掲げる人がとても多いのだ。

私もそうだった。高校生の頃、英語の勉強をするのは「外国人と会話ができたらいいなあ」と思っていたからだった。しかし、私の英語力は伸びなかった。私の英語力がグンと伸びたのは、大学受験のためにテストの具体的な点数を目標として定めたときだったのだ。

なぜだろうか。「外国人と会話ができたらいいなあ」というのは、具体的な数値にならないからだ。

目標とは、具体的な日時と数値が決まっているものを指す。たとえば、TOEICという英語のテストがあるが、それを受けるとしよう。「二〇〇二年一一月一三日のTOEICで七二〇点をとる」など、本人以外が見ても、達成したかどうかが明白である。このように、具体的な数値などで表現されているものを目標という。たとえば、まず二〇〇二年一一月一三日と日付を定め、TOEICと評価基準を定め、七二〇点と目標点を定める。こうすれば、七一九点であっても目標に届かなかったということが本人以外にもわかる。客観性があるからだ。一生懸命やったのに、とか、だいたいできた、というあいまいな感覚ではなく明確に自分のいる場所と目標の差がわかる。また、七二〇点をとれば、自分が目標達成をしたことが明確にわかるから、確かな達成感を味わうことができる。

達成してもしなくても、またその日に新たな目標設定をすることで、前に進んで行けるのである。

自分の位置を知ることは、成長をするために必要不可欠なことだと実感している。自分が今立っている場所がわからなければ、目的地への行き方がわからないからだ。自分のいる場所と、目標の明確な場所と、到達する日時が決まっていれば、到達するための具体的な方法を探求することができる。

まずビジョンを持ち、それを達成するために、自分の位置を正確に知り、そして目標を決める、という順番になる。具体的に自分の位置を知るためには、英語であれば、まず、今すぐにテストを受けてみることだ。今のままで受験をしてみて、自分の実力を知り、目標を決め、その二つの点を結び付けるために勉強をすると効率がよい。

目標が明確でないと、具体的な勉強方法も練習方法もないし、進歩の度合もはかれない。

「ビジネスでの会話程度はできるようにしたいですね」という人はたくさんいても、周りを探してみても「昨日から、ビジネス英会話を話すことができるようになりました」という人には一人も会ったことがない。ましてや「私、昨日、英語の日常会話ができるようになりました」と喜んでいる人にも会ったことがないのである。

日常会話やビジネス英会話という、一見、目標のように聞こえるフレーズは、実は地球上で誰一人として達成した瞬間を味わったことのない錯覚だということになる。

もう少し説明すると、勉強をすることで日常会話やビジネス英会話ができるようになっている人はたくさんいる。そのような状態になることはもちろん可能である。ただそれは、目標ではなく、ビジョンと呼ばれるものなのだ。

何かを成し遂げるには、ビジョンと目標の二つが必要だと思う。ビジョンが燃料だとすると、目標がものさしである。

ビジョンという言葉は、最近は、ハイビジョンテレビなどに使われているが、光景とか映像という意味である。ビジュアルと同じ仲間だ。ビジョンとは「具体的な映像として想像することができる光景」。ビジョンを持つ、ということは、将来成し遂げたい自分の姿、未来像を映像として持つことなのである。

日常会話ができる状態、というのは、多くの人が憧れる風景だと思う。自分の周りに、外国の人がたくさんいて、自分自身もにこにこしながら楽しそうに話している。そんな姿かもしれない。絵に描くことができたり、理想とする姿に近い写真を持っていたり、目を閉じると鮮明に姿が描けるとしたら、それはビジョンである。達成するためには、それを頭に焼き付け、励みにする。勉強をするための燃料としていくのである。

よく、痩《や》せようとする人が細身のモデルさんの写真を冷蔵庫に貼る、というのを聞くが、それと同じである。こうなりたい、というイメージを絵として記憶するのである。想像しただけで、ニヤッと嬉しくなるような光景。励みになる風景だ。ビジョンは行動を起こすためのやる気の源となる。

しかしビジョンだけでは、行くべき方向がわかっただけにすぎないから、具体的な道しるべが必要となる。具体的に勉強の成果をはかるためのものである。一生懸命勉強しても達成したかどうかがわからないのでは、やる気につながらない。そこで、ビジョンに近づくための具体的な道しるべの役割を担う目標を設定する。

別の例としては、「関西に行ってみたい」と漠然と思っていたとしよう。ビジョンとしては京都奈良のイメージだとする。歴史ある建物に囲まれている自分を想像し、京都の写真や奈良の写真を頭にインプットした。

ここで大切なことは、まず、今自分はどこにいるのかを明確にすること。たとえば東京に住んでいるのであれば、東京駅から新幹線に乗っていけばよい、とわかる。次にすることは、明確な目標の設定だ。行きたいのは、どこなのか。京都なのか、奈良なのか、大阪なのか、神戸なのか。そしていつ行きたいのか。何日間行きたいのか。「京都の金閣寺に、二〇〇五年三月二一日に行きたい」とまで絞りこめれば、ビジョンが明確で、自分の位置が確認でき、目標が具体的なので、達成の方法が見えてくる。東京駅から京都駅までの切符を買えばよいのだから、用意する金額もわかり、具体的な行動計画が立てられるわけである。

生活にも、仕事にも、ビジョンと現在位置と目標を取り入れるとよい。ビジョンは、少し先を描くほうが楽しい。私は人生のビジョンとして、一〇年から一五年先に実現できたらいいという夢を描いている。それを実現させるために、今の位置を知り、数々の短期目標をつくっている。その日の目標もあれば、翌週の目標もあるし、数カ月後の目標もある。ビジョンが変われば、目標も変えるし、目標達成できないことがあれば、ふっと息をぬいて、もう一度目標を設定し直す。

ビジョンは燃料であり夢でもある。目標は自分を行きたいところへ連れていってくれる、ものさしであり道しるべでもある。一つ一つ達成しながら、自分の前進を確認するのは、楽しいことだと思う。

四つの角度からリポートする視点

「ニュースステーション」の取材で訪れたアメリカの田舎町で、小学生の男の子にインタビューしたことがある。インタビューが終わって、お礼に、テレビ朝日のマーク入りの、ラインマーカーとボールペンのセットをプレゼントした。二、三本のペンが、プラスチックのペンケースに入っていて、ちょっと動かすと、ペンケースが斜めに立つようなしかけになっていた。説明しながら渡すと、彼は「ワオ！　すごいや。かっこいい。これ、明日学校のショウ&テルに持っていこう！　絶対みんな驚くよ。きっと誰もなんだかわからないに違いない。ありがとう！」。

アメリカの小学校では、授業の中に、ショウ&テルというのがある。ショウ（show）

は、見せるという意味で、テル（tell）は話す。つまり、見せて話す、というものだ。子供たちは、何か一つ見せたい物を持っていく。人形を持っていく子もいれば、写真を持っていく子もいる。石を持っていく子もいれば、ペンを持っていく子もいる。自分のお気に入りの物を持っていって、クラスの皆の前に立って、持ってきた物を見せる。そして、その物にまつわる話をする。たとえ同じ物でも、人によってストーリーは違う。自分とその物との出会いや、関係や、思い入れを、自分の言葉で皆に話すことによって、表現力を身につけていくという授業である。この男の子が、ペンを見せながら、東洋の日本から来たニュース番組の取材を受けたことを、誇らしげに話すだろう姿が目に浮かぶ。

一つの出来事や、感情や、プロセスを、いろいろな角度から見たり、考えたり、話すことができるということは、自分を成長させるためにも、また、周囲のためにギバー（与える人）でいつづけるためにも、とても役に立つと考えている。

「物事をいろいろな角度から見たり、考えたり、話すとよい」ということはよく言われるが、どうやって練習したらよいのかわかりにくい。私の場合は、大学での授業で習ったことを活用している。

上智大学の外国語学部比較文化学科（現在の比較文化学部）に入学した私は、それは大変な毎日を過ごしていた。この学科の授業はすべて英語で行なわれている。教科書も英語だし、基本的に学校内の共通語が英語なのだ。当時は外国籍の人たちがほとんどで、日本人がいても、おおかたが海外で暮らしてきた人たちばかりだった。私のように、日本から一歩も出たことがない、日本の学校だけで教育を受けてきたという生粋の日本人は稀だった。日本史の授業もアメリカ人の先生に英語で習うのだし、中国語も英語で習うのだから、教え方も視点も新しくて、それは興味深い毎日だった。しかし楽しいことばかりではない。とにかく、英語には悩まされた。しかも「国語」は英語であるから、作文の授業となるとなおさら大変だった。

作文は必修の授業であった。英語を母国語とする人たちと同じクラスで学ぶのだから、厳しい。今までの高校でやってきたような英作文とは違う。日本語の文章を英語に翻訳するのではなく、英語でものを考え、表現する技術を学ぶ授業だ。教科書を読むのにさえ時間がかかっている私にとっては一苦労だった。

そんなあるとき先生が、文章の種類について話をした。「文章には、四つの種類があります」と、次のような説明をしたのである。

一つは、情報を提供したり、説明をしたりするために、事実やアイディアを定義したり、叙述したり、比較したりするノンフィクションの文章。

二つめは、説得したり、納得させたりするために、論旨を展開させて、なぜそれが正しいのか、あるいはなぜ間違っているのか理由づけをしていく文章。

三つめは、楽しませたり、興味を持たせたりするために、簡潔に、出来事や行動を中心に、それらが発生した順番に書かれている文章。

四つめは、心の動きなどの細かい描写などを中心に物事を描きだしていく文章。

どの文章もこの四つのどれかが段落別に混ざり合うことが多いという説明だった。興味深く聞くことができたのも束の間、その日の授業が終わりかけたころ、先生が宿題を出した。

「目覚まし時計は皆も持っているね。目覚まし時計について、明後日までに、今日習った四つの種類の文章で書いてきなさい。それぞれ二ページ以内で。では、今日はこれまで」

私はぎょっとした。目覚まし時計について、英語で合計八ページ書くだけだって大変なのに、四種類の文章を書くなんて。私がつまずいたのは、英語を書くことの難しさ以上に、自分の視点の狭さだった。発想にも限界があった。目覚まし時計について、いろいろな見方で考えることが、どうしてもできなかったのだ。どんな文章を書いたのかはもう記憶にないが、今書くとなると、こんなことになると思う。

一つめは、説明であり、定義であるから、

「目覚まし時計というのは、時刻を表示する機能に加えて、ある一定の指定した時刻になったときに音を出して知らせる機能がついている。多くの人は、自分が眠るときに起きたい時刻を設定し、確実に目が覚めるように準備するためにこの時計を使う」というような感じで書くことになるだろう。

二つめは、納得させるという論理展開だから、

「目覚まし時計というのは、現代の生活にとって必需品である。なぜなら、私たちは昔の人が暮らしていたように太陽がのぼると起き、沈むと眠るという自然な生活をしているのではなく、人間が定めた二四時間という限られた時間の中で、相手との共通の規則によって生活をしているからである。時間を有効に使うために、毎日知恵を働かせ、短い時間に多くの仕事をしようと試みている。時には、自分の意に反して徹夜をして仕事をすることもある。そんなとき、大きな音で時を正確に知らせて、目を覚まさせてくれる目覚まし時計は、私たちの生活には絶対に必要なものである」などとなるのだろう。

三つめは、楽しませたり興味を持たせる、ということなので、

「昨夜テレビコマーシャルで、有名タレントの声で、『おはよう、起きてね』とささやく目覚まし時計の売れ行きが話題になっていたが、我が家にも、すでにある五種類の目覚まし時計に、最近、新顔が加わった。鳥のさえずりの目覚ましなのである。時刻になると、ピピピピピーヒョロヒョロピピピピピーとかわいい声がしてくるのだ。目は覚めるのだが、な

ぜか、心地よくない。さっぱり感がないのだ。一体どんなふうに、調査研究されて、目覚まし時計の音は開発されているのだろうか」など。

そして四つめの、心の動きは、

「リリリリーン！　軽快に大きな音で目覚まし時計が鳴り響いた。ギクッとした。このベルは、いくつもある時計の中の、いつも最後に鳴るはずのものだ。それも、起きるべくぎりぎりの時刻にセットしてあるもの。この音を聞くと、背筋がぞっとする。以前、仕事に遅刻したあのときの悲惨な体験を思いだしてしまうのだ」とでもなるのだろう。

さて、同じ目覚まし時計でも、見方を変えるといろいろなストーリーが見えてくるわけだが、このように、一つの物や出来事を複数の切り口で見ていくという訓練は、毎日の生活で非常に役立っている。

たとえば、会議の席で、あるシステム導入に対して全員が賛成という場合に直面したら、決定する前に他の視点でも考えてみようと、「もしこんなことが起きたらどうするのでしょうか」と自分の意見であるかどうかにかかわらず、一度は考えておいたほうがよいと思われる対極の考え方を提案することもできるようになった。

新しい企画を考えるときも、既存の考え方にとらわれず、企画の背景を数字で描き出したり、社会的な意味を分析したり、よい点と悪い点の両方を考えるなど、複眼の視点で知恵をしぼる。家族や友人とうまく意見が折り合わないことがあっても、何が起きているのかを時間を追って整理したり、お互いの立場に立ってものを考えてみることができるようになったから、自分の心の内を客観的に描写できるようになった。

いろいろな角度から物を見たり、考えたり、感じたりできるようにしていく訓練は、まさに頭と心の柔軟体操、とでも呼べるのではないだろうか。私は、前に進んでいくために必要な多角的な発想力を養うために、この頭の柔軟体操を毎日している。身の回りにある物や、出来事や、自分の体験したことなどを、複数の視点から見て、表現することを繰り返しているのだ。

ピリオドを打って前進する

ここまで読んでくると、私という人間について、何に対しても積極的で、成功するまでやりつづける人という印象を持たれるかもしれない。確かに何ごとにも執着心があるし、全力を注いでいる。しかし、あきらめるときは、あっさりとあきらめるのだ。私の場合、「自分の最高」で挑戦しつづけて、うまくいかないときは、さっさとあきらめる。手放すと決めると早い。一つの物にしがみついていると、その手で他の物をつかむことはできないからだ。だめだと思ったら、さっと引いて、新しいことにエネルギーを使う。次々と新しいことができるようになるのは、パッとあきらめることができるからなのだ。

人間は、選択ができる。「やる」という選択肢があるのと同様、「やめる」という選択肢もある。自分の考え方や、行動一つ一つに対して、意識的に、開始と、継続と、停止の信号を選択しているのだ。

恥ずかしい例だが、会社設立当初、こんなことがあった。英語人口が増えてきた東京で、英語の情報誌がまだ一冊しかなかったことに目をつけた。都内近郊のコンサート、クラブ情報や映画情報を入れた隔週の英文雑誌をつくったら、きっといいビジネスになる。さっそく、優秀な人材を集め、情報ルートを確保し、八〇年代にしては斬新にも、コンピュータのＤＴＰで、デザインをして版下をつくった。パイロット版数百冊の印刷もできてきた。さあ販売、と思ったところで気がついた。販売網を確保していなかったのだ。あまりにもお粗末な話だが、当時の私たちは、迷った。これまで費やした時間をどう考えるのか。これからの夢もあるし、愛情もこもっている。次号までに、システムを構築すればよいのではないか、などいくつもの意見がでた。

私個人にしても、自分の無知を認めて、参加スタッフに謝り、プロジェクトを中止するのには、少し勇気がいった。だが、私はプロジェクトを打ち切った。今でも、何冊か取ってあるこのパイロット版を見るたびに、「やめよう」とスタッフに言ったときのことを鮮明に思いだす。強引に続けていたら、倒産したかもしれないし、もしかすると、ビジネスとしての目のつけ所はとても良かったのだから山を乗り越えてうまくいったかもしれない。

しかし、もしも、の想定は無駄だ。ただ言えることは、私はこの体験から大切な教訓を学んだ。このときこのプロジェクトを握り締めていた手を離したからこそ、その後の業務拡大などに力を注ぐことができて、今のユニカルインターナショナルがある、ということになる。

「新しい考えをとり入れることは簡単である。一番難しいのは、今まで信じてきたことをあきらめることである」

そんな言葉を聞いたことがあるが、まったくそのとおり。

多くの人は、新しい考え方に触れる機会を持っていると思う。人と会ったり、本を読んだりすることで、新しい発想は常に手に入れることができるからだ。問題は、今までの自分が持っていた、うまくいっていない考え方や行動の癖などを手放せずにいることなのである。また、うまくいかなくなったときに、自分を見つめ直して、客観的に分析して、自分の過去にピリオドを打つことが難しいのである。成長や向上を邪魔するのは、今までの考え方にピリオドを打てないことなのだ。

アメリカの女性起業家のセミナーでは、起業準備中の生徒たちに、あきらめることの重要性を教えている。起業家セミナーとは、夢を実現させるために、事業プランを作り、どんな顧客に対して、どのようなマーケティングをしていくと売れるのか、資金の運用はどのように計画していくのかなどを教えるのが中心である。しかし、重要な講義の一つとして、どんな状態になったらやめるかというのがある。自分の計画に固執するあまりに、どんどん借金をしていくようではいけない。利益の出ていない部門の閉鎖が遅れてもならない。もうすでに会社を設立しましたと発表してしまったと見栄をはっても、泥沼にはまるだけだ。だから借金がどの程度になったらやめるとか、売上げがどの程度に落ち込んだらやめるとか、自分の目安を決めること、と教えているのだ。

成功のために、何より大切なことは、「自分の最高」で挑戦していくことである。しかし、それでもうまくいかないなら、あきらめも肝心。さっとあきらめて方向転換するのも、重要な決断なのである。

できなかったことに対して、たくさんの言いわけをする人がいるが、これについても同じである。あきらめることは、手放すことによって、自分を解放させることなのだと考えると、言いわけを考えるのは無駄な労力だと思う。

言いわけを考えることに、時間や能力を使ってしまっては、本当に必要なことに使う分が減ってしまうではないか。これは自分のエネルギーを車のガソリンに例えるとわかりやすい。

車を動かす限り、どんな目的で車が動いても、ガソリンは減る。目的地に行くためにまっすぐ走っても、点検のために倉庫の中を移動しても、道に迷って遠回りをしても、ガソリンを使う。だから、自分の能力というガソリンは大切に使いたい。

私は、あまり言いわけをしないことにした。もちろん必要ならば原因説明や理由を述べるが、弁解はしない。次に何をするのか、今、その問題についてどのような姿勢で取り組んでいるのかに時間をかける。私のエネルギーも能力も、ガソリンとして有益に使いたいと思う。

相手と一緒にプラスになる
——ウィン-ウィンの発想

一緒にプラスになるための、ウィン-ウィンの人間関係

あるゲームに参加したことがある。「目的は勝つことです」と指示され、二つのグループに分かれて、一〇回戦のスコアボードに一つずつ記号を入れていく。両チームが同時に記号を出し、相手のチームがどの記号を入れてくるかで、得点の計算方法が変わる。チーム全員で、どの記号を入れたらよいのか話し合うというわけだ。

うっすらした記憶だが、確かルールでは、両チームとも△を出したら両チームともにマイナス二点。自分のチームが△で、相手のチームが□を出すと、プラス二点。自分が□で相手が△だと、〇点。両チームが□だとプラス一点。

私は一目見ただけで、どれを入れたらよいのかがわかった。明白だと思った。△を出し

つづければ、絶対に負けないではないか。得点の仕組みがそうなっているからだ。説明を聞けば、すぐにわかることだ。このルールなら相手も△を出すだろうから、ともにマイナス二点。結果は一〇回戦でマイナス二〇対マイナス二〇で同点になる。マイナス点ではあるが、お互い同じだから、負けにはならないし、相手も勝てない。そのうえ、この選択にはリスクがない。相手が□を出してきたら、こちらはプラス得点になるのだから、むしろ、勝てることになる。最悪を確保しておいて、相手次第では、上に上がる。

こんなに単純な仕組みなのに、同じチームになった人たちは、ああでもない、こうでもないと意見を出し、悩んでいる。どうしてこんな簡単なことがわからないのだろうか。少しいらいらしながら、私は負けない記号、△を入れるべきだと主張しつづけた。

結果は、私の間違いだった。

「ゲームの目的は、勝つことです、と言いました。勝つと言っただけです。相手に勝つと言っていないのに、勝つと聞いて、すぐに相手を負けさせようと考えた人はいませんでしたか。実は、このゲームには両チームが一緒に勝つ方法が一つだけありました」と、ゲーム終了後に説明があったのだ。

愕然《がくぜん》とした。なんということだろう。私の人生の基盤、足元のじゅうたんを、さっと引きはがされたような、そんな感覚だった。私は「勝つ」という言葉にすっかり、惑わされていた。「勝つこと」と言われても、私は自分たちが勝てばよいとは考えていなかった。相手を負かそうとも、思っていなかった。ただ△を入れつづければ、相手に負けないと思ったのだった。

私はずっとそんな生き方をしてきたのかもしれない、と思った。私は努力家で、自分が前に進んでいくためには、勉強もしたし、働きもした。でも私は、自分が当然と思うことを、周りに迷惑がかからない程度に、自分の範囲内でしていたのだった。自分に厳しく、勤勉ではあったけれど、私が目指していたものは、常に、「負けない」人生だった。間違いのない人生、迷惑をかけない人生、言われたことは正しく成し遂げる人生。「周りと比べて」マイナスをつくらない人生だったのだ。

人をさしおいて、自分が勝とうと考えていたわけでもなかったし、周りの人が助けを求めてくれれば、しっかり手助けをするという思いやりはあった。しかし、自分の方から相手に対して率先して手を差し伸べたり、行動することは少なかったのではないだろうか。それでは、生涯このまま、相手と一緒に、マイナスを増やしていくだけ、一緒に負けていくだけなのだ、と気づいたのだ。自分の役割の範囲内できちんとやっていることは、マイナスにこそならないけれど、プラスでもないということを実感した。負けなければよい、という生き方を皆がしていたら、誰がこの世の中をプラスに動かしていくのだろうか。そう考えると、恐ろしくさえなった。

このゲームには、相手を信じることで、お互いに得点されていく組み合わせが一つあった。お互いがプラスになることを信じて、□を出したなら、両チームともにプラスの得点がされていく。一緒に「勝つ＝プラスの成果をつくる」ことができるのだ。

相手が何を出すのかわからないのに、相手もきっと□を出してくるだろうと信じて、まず自分から□を出す。まず自分から、一緒にプラスをつくりたいのだという意思表示をしていくことで両者の結果をプラスに導く。この考え方こそが、まさに与えるという姿勢、ギブ＆ギブンの精神である。

私が、まず自分から意思表示をし、行動し、周りの人たちと積極的にプラスの人生をつくりあげていこうと決心したのは、このゲームに参加した二四、五歳のときからである。言うまでもなく、私の人生は、それから大きく変化した。

自分と関わる人たちと、一緒にプラスの成果をつくっていくことが、どれだけ素晴らしいことかと想像してみた。プラスの人生を、どんなふうにつくっていこうか、考えた。英語で言われる、「ウィン－ウィン（Win－Win）」勝ち－勝ち。このときから、これが私の人生の、基本キーワードとなったのだ。

それは、勝つというイメージを変えることから始まった。一方が「勝つ」と相手は「負ける」と考えられるのが普通だ。しかし、社会の中では、「勝ち負け」ではなく、「勝ち勝ち」が存在する。一緒に勝つという考え方は、関わっている人たちが皆、それぞれのレベルでプラスに動くことを意味しているからだ。

たとえば、クラブ活動で、毎日一緒にトレーニングに励んだとする。ある一定の距離を、Aさんは二〇秒、Bさんは三〇秒で今まで走っていたとしよう。それが、練習の結果、Aさんは二秒、Bさんは五秒速くなったとすれば、Aさんが一八秒で、Bさんが二五秒だ。

これを、二人で競走した場合を想定して、Aさんの勝ち、Bさんが負け、と考えることもできるし、同じ練習の成果を、縮まった秒数で見て、BさんのほうがAさんよりも三秒もタイムが縮まったからBさんの勝ちと考えることもできる。

しかし、これを「ウィン-ウィン」の視点で見ると、二人とも練習をした結果、秒数が縮まるというプラスの成果があったのだから、一緒に練習をしたことで、「一緒に勝つことができた」ということになる。関わった人すべてが、それぞれのペースで、自分の目標に向かって成長する。各自の求めていた目標に近づいていく。まさに、それが「ウィン-ウィン」の関係ということになる。

私が会社を設立した理由の一つには、この考え方を実践したいという気持があった。このような考え方を、哲学的に人に語ったり、教えるのではなく、毎日の生活の中で行動し、実践していきたいと考えたのだ。自分たちの仕事に関わるすべての人がプラスになるように動こう。自分の行動が、それに関わるすべての人の「勝ち」、要するに、価値ある体験につながるように配慮し、仕組みをつくろう。それが私の生き方であり、ユニカルインターナショナルとイー・ウーマンのミッション（使命）だと考え、会社を起業した。

現在、仕事をするときには、たとえばユニカルでは、クライアントは期待した通りの成果物を手にし、そのための専門知識を提供したリンガプラスネットワークのメンバーも貢献した実感と報酬を手にし、それらをマネジメントした我が社のスタッフも、最高の環境をつくったことで満足感と利益を手にする、そんな「ウィン－ウィン」を実践している。

イー・ウーマンなら、サイトに訪れて読んでくれる人、自分の体験や意見を投稿してくれる人、最先端の専門情報を提供してくれる企業、商品開発を依頼してくる企業、私たちイー・ウーマンのスタッフ、そして株主……という「ウィン・ウィン・ウィン」を実現しているのである。

関わる人たちの中には、率先して「ウィン－ウィン」の姿勢で接してくれる人たちもいれば、こちらがいくら「ウィン－ウィン」の行動をとっても、まるで以前の私のように、自分だけ負けないカード、△、を出してくる人もいる。それでも、日々の生活や仕事の中で「ウィン－ウィン」の姿勢でいつづけることは、ちょっとした訓練である。万一、「ウイン－ウィン」が成り立たない場合は、そのプロジェクトのシステムを変えるか、仕事をお断りしている。

今、「ウィン－ウィン」の発想は、ユニカルインターナショナルでもイー・ウーマンでも、大きな活力になっているように感じる。関わる人たちと「ウィン－ウィン」の関係をつくることが仕事の原点である。クライアントとも、ネットワークのメンバーとも、社員とも、株主とも、家族とも、みんな、である。

女性たちに支えられて

たとえ強い意志を持っていても、それを維持していくのは大変なことである。私も熱い思いをもって起業したものの、会社設立一年後、社長という立場が孤独な時もあることに気がついた。

学生時代の仲間たちと話をしたいと考えたが、私たちが就職をしたのは、まだ男女雇用機会均等法も施行されていなかった時代。東京大学を卒業して大企業に就職した知人も、上智大学や慶應義塾大学を卒業して人気企業で活躍していたはずの知人も、勤め先に電話をしてみると、ことごとく全員が退職をしていたのだ。結婚が理由であったり、出産が理由だったりしたが、皆、家庭をもって自宅にいた。「ねえ、一緒に食事しない?」と誘ってみても乗ってこない。外食などもってのほかだと言う。志高く仕事をしていこうと、やる気になった私が相談できる女性たちは、ほとんど社会からいなくなってしまったのだ。

女性の社会人口を表わすものに、M曲線というのがある。Mの文字を、働く女性人口の推移に見立てると、ちょうど真ん中の凹みのところが、三〇歳くらいにあたる。学校を卒業して一度社会に出た女性たちが、結婚や出産で三〇歳前後になると仕事をやめてしまい、働く女性の人口が減る、というのだ。私が知人に連絡をとったのは、ちょうど二九歳のとき。結婚退職がまだ慣例のようになっていた時代だから、当然だったのかもしれない。

それにしても、私は納得がいかなかった。たとえ少数派であっても、仕事を続けていこうとする女性たちが、世の中にはいるはずだ。そんな女性たちと知り合いたい。励まし合いたい。私は、そのような人たちと知り合う方法はないものかと探し始めた。まず、勉強会や団体に参加しようと考えた。今では想像しにくいかと思うが、八〇年代には、ネットワークというものは、まだあまり存在していなかったのだ。秘書の会、経営者の会、外国企業に勤める人の会など、いくつかあったが、私が参加条件を満たせないものばかりで参加できなかった。

また、探しているうちに、もう一つ疑問も浮かんだ。どの会も、年齢や性別、職業や役職、年収や肩書などを参加条件として掲げている点だ。私が出会いたい人たちは、「やる気のある女性たち」であり、彼女たちがどんな仕事のどんな役職でも構わないと考えた。

参加できるものがないのであれば、自分でつくろうと思い、まずは働く女性に関しては先進国のアメリカで働いていた知人の援助を得て、インターネットの前身である大学間コンピュータ・ネットワークを活用し、アメリカの女性組織を調査することにした。データベースで検索してみると、アメリカに当時存在していた女性の団体は約五〇〇。その中から、ビジネスや働く女性に関する団体に絞り込むと、約一〇分の一の五〇組織が検索された。それらの団体すべてにコンタクトを取り、資料を取り寄せ、活動内容や参加条件などを調査、分析しながら、私自身が求めている組織づくりを考えた。

ブレーンストーミングを繰り返し、私自身、どんな人たちと会いたいのか、どのようなことをしていきたいのかを自問自答した。一年かけてつくりあげたのが、ＮＡＰＷ（ネットワーク・フォア・アスパイアリング・プロフェッショナル・ウィメン＝プロ意識のある女性のネットワーク）である。

参加条件は、「向上心があること、プロ意識があること、貢献心があること」の三つとした。役職や年齢、年収などの人間の肩書やデータを一切問わず、意識や姿勢を問い掛けるものとしたのだ。人のハードウエアの部分をものさしにするのではなく、ソフトウエアの部分で仲間づくりをしたいと考えたからだ。

また、貢献という単語に、私のネットワークに対する持論、「ネットをワークさせる」という考え方を含ませた。組織に入会するのではなく、参加者が積極的に関わり合い、参加者全員が主役になる姿勢を求めたのである。

現在、約三〇〇人が参加しているこのネットワークのメンバーには、多くの意味で支えられてきた。私は、楽天的な性格ではあるが、もちろん決して楽な毎日ばかりではない。会社の社長として悩んだときには、社長をしている女性たちと話をすることで支えられた。大企業に勤める人もいれば、外資系の人もいるし、小人数の会社の人もいるし、職種も年齢もまちまちであるメンバーたちには、働き方や、毎日の生活の知恵、そして子育てまで、多岐にわたる視点で、大いに参考になる考え方を教えてもらった。

ネットをワークさせること。これを十分に理解し、自分で活用していく人がNAPWに参加している。意見は違っても、誰もが、皆、プロ意識をもってぐんぐんと前に向かって生きている人たちだから、また、何より、お互いのために貢献し合おうという姿勢だから、有効なネットワーキングができた。今では、何人もの親友たちが生まれ、一緒にいる時を持つだけでも心強い励みになっているのである。私が今まで、仕事を続けることができたのも、会社経営を続けてこられたのも、家族を持つことができたのも、みな、彼女たちの支えがあったからこそなのである。

常識は、一人ひとりの固定観念

「常識」という言葉をよく耳にするが、いったい、常識とはなんだろうか。辞書によると「その時代に、一般人が共通に持っている知識、または判断力、理解力。わかりきった考え。ありふれた知識」とある。

一般人が共通に持っている知識といわれても、一般人とは誰のことだかわからない。皆、ある部分では自分が一般人だと考えているだろうし、ある部分では自分は他の人と違う、と感じていると思う。

では、常識とはどんなものなのか、そして、何のためにあるのだろうか。

私が、その疑問を持ったのは、自分の常識と他人の常識が違うことを発見したとき、つまり会社を設立してからだった。自分と同じような意志のある仲間と仕事をしていくつもりだったために、特に社則もつくらずに会社を始めた。業務は一〇時から開始である。時間になればクライアントからの電話がかかってくるのだから、私は、当然社員はそれまでに出社するだろうと考えていた。「常識」だと思っていたからだ。

ある時期、社員が増え始めると、その「常識」が乱れてきたのを感じた。遅刻が続出するようになったのだ。聞いてみると、「朝はいろいろあるんです。バスが遅れることもある。一〇分くらい遅刻してもいいじゃないですか。もっと寛容になってください、社長」。数人の社員が、私に遅刻してもよいだろう、認めろと迫ったのである。

私がアルバイトをしていた頃、勤務開始が一〇時なら、九時半には会社に着いて、皆の机をぞうきんがけして、お湯を沸かして、窓をあけて、掃除機をかけて、時には花まで飾って準備をした。それが、当然だと考えていたからだ。ところが一方で、時間を過ぎてもいいじゃないかと社長に訴える人たちがいる。

「常識のない人たちだ」とはじめは思ったのだが、話をしているうちに、彼女たちの友人も家族も皆、時間に対してあまり厳しくないことがわかった。約束の時間より早く来ることの大切さや、そこに表現される仕事に対する姿勢は、彼女たちには見えていなかったのだ。決められた時間があれば、それに間に合えばよいというのがむしろ彼女たちの常識であって、早く着くようにしっかり計画するより、トラブルがあれば時間に遅れる方を選択する、というわけである。

私は初めて、自分が考えていることと、他人が考えていることの基盤が違うこともあるのだと気がついた。私の「常識」と彼女たちの「常識」は違うのである。万人に共通の「常識」は存在しない、と痛切に感じたのだった。

彼女たちも、きっといつも「遅刻は当然」と考えているのではないだろう。しかし、それぞれ遅刻が続いたという一定の状況下で、お互いに、「たまには遅刻するよね」「バスも不規則だからねえ」などと複数人での「合意」にいたり、「常識」と化していったのだろう。

私は、子供の頃から、時間には早めに行くのがよいと教えられていたし、自分の仕事をスムーズに行なうためにも、先輩たちが仕事を効率よくできるようにするためにも、「常識」として、皆が出社する前に毎朝オフィスの環境を整えたいと、早く出社していたのであろう。

常識であるかないかにかかわらず、各自事情があるから、遅刻は許されるべきかという課題については、私は今でもノーと答える。遅刻をしても何とも思わない人たちがいるという事実も承知したうえで、私の個人的な意見として、遅刻はよくないと考えている。私個人の進歩は、それが「常識」だと決めつけて、そうでない人を「非常識」ととらえなくなったことだ。

常識とは、私は、「自分の人生をうまくいかせるために、小さな集団の中で認知された固定した観念」と考えている。万人が認知した固定した観念ではなく、小さな集団の中で認知された固定観念だと思う。本人の周りにいる、家族や友人、職場など二人だったり、あるいは数十人だったりの人たちが、共通に認め合っている考え方なのだと思う。世界中の人全員が信じているものはない。

考えを固定させて、信じつづけるということは、その考え方が、その人の人生にとって有益だからなのだろう。たとえば、赤信号のときに飛び出したら事故にあうから止まって待つというのも、ストーブに手を触れたら火傷をするから触らないようにというのも、固定された観念、「常識」だ。これらの常識を守ることで、健康な生活が送れるから有益である、というように。しかし、一方で、「なんでも、男が先、女が後」という考え方を固定させて、午前三時まで帰らない夫を待ってから入浴していたら、私の場合は身体がもたない。だからこのような考えを固定化しない。

自分の固定観念＝「常識」が、人生のプラスになっているかどうか、検証してみるとよい。たとえば、ギブ&ギブンの人間関係をつくるのに役立っているのか、自分の人生をプラスに動かすのに役立っているのか、「ウィン-ウィン」の関係をつくるのに役立っているのかどうかなど、チェックしたい。固定観念を持つことは悪いことではないし、持たないことは不可能である。ただ、それが自分の人生を足踏みさせるものであってはならないのである。

私は、自分の考えが「固定」してしまっているかどうかを確かめるためのチェック項目を設けている。

一つは、「常識」「非常識」という言葉を使ったときに、それが、誰によって考えられた「常識」なのかを考え、自分の行きたい方向に後押しをしてくれる「常識」なのかなど、内容を確認する。

もう一つは、「普通は～」とか「一般的には～」とか「みんなそう思っている」などの言葉を使ったときに、次のようなチェックをする。

これらの言葉が、自分を一般人の代表にしてしまい、自分の固定観念を皆に押しつけていないかどうかを見てみる。「普通はそうだと思うけれど」と発言する代わりに「私はそうだと思うけれど」と発言する。

常識、共通した考え方、というのは、複数の人が共通のルールの上で、前に進んでいくために活用されるためのものである。だから私の場合、いくつかは、「自分が守りたい礼儀作法」として残し、いくつかは「私の人生の信条」として残し、いくつかは「私の生活の基本ルール」として残した。重要なのは、すべてが「私」のルールであって、「一般人」のものではない、という点だ。この世に「一般人」という人はいない。「常識」は、私たちの錯覚なのかもしれない。

電子メールで、コミュニケーションのエクササイズ

インターネットとか、電子メールという言葉を耳にされている方は多いだろう。もう活用しています、という人も多いはずだ。

まず、インターネットとは、何なのだろう。インターとは、インターチェンジとかインターナショナルのインター、つまり交わるという意味。ネットは、網。この場合は、すでにあったコンピュータ同士の網、コンピュータネットワークのことだ。だから、インターネットというのは、世界中に散らばっているコンピュータ通信網がつながったことを意味する。

ちょっと変なたとえかもしれないが、わかりやすく説明するとこんなことだ。たとえば、

同じ都市に住んでいる人としか電話がかけられないと想像してほしい。東京に住んでいる人は、一二三-四五六七と電話をかけると東京都二三区内の相手と話せる。大阪の人は、同じように、二三四-五六七八とかけると、大阪市内のその番号の人と話ができる。しかし、お互いに自分のいる都市以外には電話がつながらない、としよう。

コンピュータの通信網も今まではそうだった。ニフティサーブとか、アメリカオンラインとか、コンピュサーブとか、PC-VANなどのパソコン通信とよばれるグループに属していると、そのメンバー同士でのみ電子メールのやりとりができたわけだ。同じパソコン通信のグループの仲間同士でしか情報の交換ができなかった。それがインターネット、つまり交わるようになった。別のグループともメールのやりとりができるようになったのだ。

電話で考えると、各都市の電話網が交わるようになって、市外にも電話をかけられるようになった、ということになる。番号の最初に〇三をつければ、大阪の人も東京にかけることができるし、〇六をかければ誰でも大阪にかけられる。八一という日本の局番をかければ、海外から日本にも電話がかけられる。都市と都市の電話ネットワークがつながったのである。

同じように、それぞれのグループとして存在していたコンピュータ通信が、交わり合って、インターネットになった。今まで、同じグループでしかできなかった電子メールのやりとりが、電子メールのアドレス（電話番号のようなもの）を持っていれば世界中の誰とでも、できるようになったのである。

電子メールは、自分のコンピュータやワープロでつくった手紙が、電話線を通じて移動し、相手のコンピュータで読めるようになるという、文字電話のようなものだ。電話をかけて、相手を呼び出すのだと相手の状況や時間帯を気にするが、電子メールならば、送っておけば相手が好きなときにコンピュータのスイッチを入れて読んでくれる。紙に打ち出す必要もない。一度やりとりした人となら、電話でいう短縮ボタンのような「返信ボタン」を押すだけで手紙を送ってくれる。効率のよいコミュニケーション手段なのである。

私の生活も、電子メールなくしては成り立たないと思うくらいだ。まず、送られてきた電子メールを見るのは、留守番電話のメッセージを聞くより、ずっと効率がよい。留守番電話だと、吹き込まれている順番にテープを再生していかなくてはならないから、聞きたくないメッセージも聞かなくてはならないし、大切なメッセージが最後に出てくるかもしれない。でも、電子メールは違う。

電子メールは、自分宛に届いているメッセージが、リストになってコンピュータ画面にあらわれる。送った人の名前かアドレス、到着日時、メッセージのタイトルの三つだ。だから、誰が、いつ、どんな目的でメッセージを送ってきたのかが一目でわかる。一番最後に入ったメッセージが重要だと思えば、それから開けて、読めばよい。送り主もわからないし、タイトルもついていないといった、ジャンクメール（宣伝メール）だと思ったら、読まずにいることもできる。

電子メールのおかげで、海外の知人、友人たちとの連絡も、頻繁にできるようになった。時差が関係ないからだ。親友のケリー・キングは、今ボストンにある大学院で勉強をしている。日本で長い間英語を教えていたのだが、再度、英語教育の勉強をするためにアメリカに戻った。泣くも、笑うも、食べるのも、踊るのも（？）一緒という親友だったから、ちょっと離れていても淋しい。手紙好きの彼女が日本を去るとき、私は「電子メールを使ってね」と何度も頼んだのだった。大学のコンピュータを活用している彼女とは、今では、ほとんど毎日、「元気？」とやりとりをしている。

距離や時差を越える利点があるだけでなく、個人的に直接相手とコミュニケーションができるというのも、電子メールの利点だ。どんな人とでも、基本的に、直接会話ができる。

大企業の社長ともなると、通常は秘書の方を通しても話ができない場合が多いわけだが、電子メールだと、直接話ができることがある。当時インテル株式会社社長であった西岡郁《にしおかいく》夫《お》会長（現モバイル・インターネットキャピタル株式会社社長）と、講演会でお会いした。

それ以来、二、三行の短い会話など、電子メールでやりとりしている。「新聞記事、拝見しました」とか「お元気ですか」などのメッセージは、秘書の方経由で電話するほどのことでもないから、電子メールでの方が適切だと思う。ファックスや、秘書の方経由の電話だからと遠慮してしまっていた「ささやかな気持」を、電子メールは直接運んでくれるのである。

また、電子メールで出会いがあることもある。

たとえば、九六年夏に東京で「第一回国際女性ビジネス会議」を開催したときにお招きした、アメリカ人の女性、テリー・ロニアーさん。彼女とは、電子メール上で知り合った。予定していたスピーカーが急遽《きゅうきょ》来られなくなって困っていた私は、会議の主旨を添えて、スピーカーを探している旨をアメリカ人の男性弁護士デイビッド・ルファーさんにメールした。彼とは、ニューヨークでの女性起業家会議で知り合った。スピーカーを探している旨を伝えると、彼は、知り合いにメールを転送してくれた。そして結局、テリーが「私がその条件で日本に行ってもよい」と名乗り出てくれたのだ。デイビッド自身もテリーには会ったことがないとのことだったが、巡り巡って紹介された。

テリーとは、会議の内容、スピーチの内容、報酬の金額、支払い方法、交通手段、チケットの届け方、成田での出迎えや東京での宿泊その他、すべて電子メールでやりとりをした。一回も電話で話すことなく、彼女は飛行機に乗り、成田で私たちのスタッフに出迎えられ、東京のホテルのロビーに到着した。主催者の私が講演者の彼女に会ったのは、会議の前夜、東京のホテルでが初めてなのであった。

彼女はアメリカで、女性が自立する働き方、インターネットを使ってどうやってSOHO（スモールオフィス・ホームオフィス）を実現するかなどの本を書いたり、講演していたが、さすがにこの出会いには驚いたらしい。私とその晩夕食をとりながら「本当にここは日本なのね。今でも信じられないわ。あなたとまったく直接話をしないで、すべて電子メールでここまで来たなんて」と、感激していた。そんなこともできるのである。電子メールの発達で、私たちの夢がかなうようになってきた。

便利さだけが利点ではない。電子メールを活用することで、これからの社会で重要視される「個人の資質」としてのコミュニケーション技術を身につけられると、私は考えている。

電子メールは一対一の直接コミュニケーションであるから、個人の力量が、より透明感をもって見えるようになる。電子メールのコミュニケーションでは、次の四つの能力が必要になってくるし、この能力いかんで、実力の差が表われてくる。

一つは、短くて読みやすい文章で、明確に伝えるコミュニケーション能力である。コンピュータ画面で文字を読むと、紙の媒体より二八％も読解能力が落ちるというデータもある。四行書いたら一行あけるという四行ルールというのも聞く。「読む」というより、「見る」という感覚の電子メールで、相手にいかに、簡潔にメッセージを伝えるか、これを追求していく必要がでてくる。

二つめは、愛情を伝えるコミュニケーション能力である。愛情と言うと、ドキッとする人がいるかもしれないが、ラブレターではない。冷たいと言われる電子メディアで、思いやり、誠意といった自分の温かい感情を、どんなふうに短い文章に託すか、「与える」能力が試されるわけである。

三つめは、相手に共感を持ってもらい、一緒に何かをつくりだすための「ウィン-ウィン」コミュニケーション能力である。インターネットの時代は個人が発信できる時代と言われるが、私は、それは最初の段階だと考えている。発信するだけでは成果は実らない。発信した後、相手がそれを受け取り、考えを膨らませて戻してくる、というやりとりができるようにする能力が必要なのである。

四つめは、対応能力。瞬発力。今までのコミュニケーションより、短時間に、直接的にやりとりをするようになるから、即座の対応能力が問われるようになる。

以上の能力が決め手となるわけだが、別の見方をすれば、電子メールは、使えば使うほど、ギブ&ギブンの発想を基礎とした四つのコミュニケーション技術が身についていくのだから、コミュニケーション能力を高めるための教材だと考えてもよい。

ユニカルでは、翻訳者との原稿のやりとりや、情報交換はほとんどが電子メールである。本を訳すとか、大量の文書を数人で担当するとか、チームで一つのプロジェクトを管理していくなどの場合、メーリングリストも活用している。メーリングリストとは、グループ内の一斉受配信のことだ。複数人でグループをつくり、そのグループ宛に手紙を発信するとグループの全員に配信されるという仕組みになっている。自分に届いた手紙の返事を出すと、その返事もグループ全員に配信される。だから、一つのプロジェクトを進めていくときに、そのプロジェクト参加者全員に、質問を投げかけたり、報告したりすることができる。それを読んだ人が、返事を送ってくると、それも全員に送られるので、情報が公開された環境で、時間効率もよく、仕事ができるのだ。

ユニカルでは、本などの翻訳プロジェクトを進めるときには、このようなメーリングリストを活用している。複数人の翻訳者や編集者が、質問をし合い、同時に解決していくことで、一貫性のある仕事ができていくのだ。そのうえ、今までだと、一人の人からの質問に答えたらそれを他の人たちにも報告するという業務が発生していたし、長期プロジェクトの場合は、各自とのやりとりや決定事項の管理も大切な業務だった。しかし、メーリングリストを活用することで、会社のスタッフが報告する必要がなくなったし、電子メール機能としてすべてのファイルが記録されていくので、やりとりの管理も必要なくなった。業務時間の短縮、効率の向上と、言うことなしである。

しかし「使いたいけど、送る相手がいない」という人には、イー・ウーマンへの投稿もお勧めできる。ewoman.co.jpと入力して出てくるサイトのトップ画面には、毎週さまざまな著名人からの「問題」が出され、その問いに一般の私たちが答えを寄せるようになっている。つまり、質問に関して自分の意見や体験を投稿できるようになっているのである。電子メールを送る相手が足りない、意見を聞いてくれる相手が足りないという人にはもってこいである。メールを書く練習にもなるし、ひとつのテーマで短く意見をまとめること、建設的に提案するコミュニケーション技術の練習の場とすることもできる。著名人に自分の意見を読んでもらえたり、翌日自分の意見がサイトに掲載される、という楽しみもある。

ところで、メールでのコミュニケーションは今やあまり抵抗をもたれなくなったとはいえ、「いやいや、僕は、やっぱり手書きの手紙がいいな」と言われることもある。そのような人とは、手紙でやりとりをする。相手や目的に応じて手段を変えるのがコミュニケーション。私は電子メールを、その一つとして加えてみて、その恩恵をこうむっているのである。

これからの生活で、電子メールを活用していけば、時間も、場所も飛び越えた大きな可能性が広がっていることは確かだ。そのうえ、自分の資質も伸ばし、時間の節約ができ、人生を楽しむことができるのだ。

素敵な時代がやってきた、私はそう思っている。電子メールというのは、私たちのライフスタイルを変えるだけでなく、成長を促す教材なのである。

女性たちが出会い、発言する「イー・ウーマン（eWoman）」

電子メールを活用して、自分の生活の効率も生産性も上がってくると、そのよさを広めたいと考えるようになった。私の会社、ユニカルの仕事を通しても、多くの女性たちがコンピュータネットワークによって多大な恩恵を受けていることにも気がついた。子育てをしている女性が自宅から翻訳の原稿を送ってくる。地方に住んでいる人と、距離に関係なく仕事ができる。海外に住むスタッフと、時差を越えて情報交換ができる。インターネットは、女性を含む、今まで社会的に不利な立場に置かれていた人たちにとって、画期的な突破口になると実感し始めたのだ。

私は、子供を産んだときのことを思いだした。妊娠中もいつも通りの仕事をし、結果的には、一人目も二人目も出産数時間前まで働いていた。初めての妊娠の記録は『妊婦だって働くよ』（WAVE出版）にまとめたが、そのときに苦労したことがある。一つは、新しい人との出会いが減ったり、今までの知り合いとのネットワーキングの機会が減り、情報が入ってこなくなったことである。仕事はできたが、勉強会や夕食会などにはほとんど出られなかった。結局、妊娠中と産後半年ほどの合計約二年の間、新しい出会いがなかったのだ。九四年のことである。

仕事のやりとりもそうだった。当時はオフィスでは活用していたものの、まだ、自宅でインターネットにアクセスできなかったのである。自宅までフロッピーを持ってきてもらったりしたこともあった。

それが、九九年の出産では大きく違った。自宅にはケーブルでインターネットが高速で（定額で）常時接続となっていた。インターネットがあれば、文書のやりとりが自宅でできるから、産前産後の仕事は、楽に家からできる。楽に、どころか、会社で仕事をするのとまったく変わらないスピードで、仕事ができた。メールが来れば、時には何秒か後に返事が送れる。私のような仕事をする必要のある人がいるかどうかは別にして、継続して仕事にかかわることができるのは、肉体的に自由がきかないときに有難みを実感する。やはり、役に立つツールなのである。産休、育休の人が社内の業務連絡のメーリングリストに参加しつづけることで、その後の仕事にスムーズに対応できたという実例もある。インターネットがいろいろなシーンで、女性たちの力となっていることは事実なのだ。

このときのキーワードが「定額、常時接続」である。自宅で高速、定額、常時接続になると、環境は一変する。「定額」で「常時接続」となると安心して、いくらでも使える。たとえば子供が眠ってしまった夜一一時に、また時には、早起きした明け方四時頃にアクセスして、夕方読んだ新聞に出ていた単行本で読みたいものがあれば、インターネットで注文しておく。子供服も大量に。仕事のメールも、翌朝オフィスが始まる前に、担当各部署に返事ができるのである。今までは、子育ての一番の（?）ピークの夕方五時から九時のために早退すると仕事を減らすことになった。しかし今は、その時間家にいても、翌日朝九時までには残業した人と同じ仕事の成果を、自宅で達成できる、ということもあるのだ。もちろん、そのような労働体系がよいのか、そのような仕事量でよいのか、ということは別の課題だが。

イー・ウーマン eWoman（http://www.ewoman.co.jp）は、そんな女性たち・男性たちのコミュニティーであり、ソリューションを見つける場所である。マネー&ワーク（お金や仕事）に関することは、人生の血液である、として赤色。ライフ&ファミリー（恋愛、結婚、家族）に関することは、人生のパンでありご飯であるから、白色。ビューティー&エンターテインメント（美容、健康、娯楽）などは、人生の緑黄色野菜、ビタミンであるから緑色。ということで、三色を基本にそれぞれ細かい分野にさらに分けて合計一五ジャンルのテーマを扱っている。

私たちは、生きていくうえで人との出会いや、人からの言葉によって、影響を受ける。つまり、成長する。そんなとき、自分の周りにいる人たち以外に、より幅のある意見や考え方に触れながら前に進むことができたら、どれだけ豊かであろうか。イー・ウーマンのサイトでは、意識の高い、向上心のある、消費者として影響力を持ったオピニオンリーダーたち、そうなりたい人たちが、発言し、サイトを作っていっているのである。

eWomanは、「コミュニティー（出会いの場）」であり、「ソリューション（答えのある場）」である。みんなで創るサイト、信頼のおけるサイトになろうと、まずインターネットの特徴を活用しようと考えた。双方向、リアルタイム、検索。この三つを活用してもらいたい、とスタートしたコンテンツ（サイトの中身）のひとつが「eWomanサーベイ」。毎週複数の著名人、専門家が、テーマを出題する。たとえば、村上龍さんは「お金持ちをうらやましいと思う？」と投げかけた。玉村豊男さんは「料理上手の男なら出世なしでいい？」。中井美穂さんは「高橋尚子選手は、まだ伸びる？」と。

それに対して、サイトにアクセスしてくる人たちが、自分の意見や体験をどんどんその瞬間に投稿する。著名人の名前と出題テーマが表示されている表は、みんなの投稿数や、イエス・ノーの投票数の総合得点でランキングされている。それも、瞬時に。

参加している女性九七％、男性三％。

あまり男女差を強調するのは好きではないが、妊娠、出産に関しては、どうしても男女差が出てくる。自分の生活圏から一歩出たところの人たちと意見交換をしたり、建設的に成果を作り出したりすることができるのは、インターネットのよさである。

インターネットでは、今までの人との出会い方と、順番が逆になっている。今まで、出会いというのは、まず、名前を告げ、顔を見て、仕事の内容や役職を聞いて、と、人間の外側、つまりハードウエアについての情報収集から入っていった。肩書など、言葉で表現できるすべての情報を交換し合い、声を聞き、知り合った。その後、会話をしていく中で、人となりを知り、考え方を知り、その人の内側、つまりソフトウエアを知ることになった。

インターネットでの出会い、コミュニティー作りは、それをくつがえすものだと思う。お互いに、一つのテーマについて、意見を語り合うのが第一歩だからだ。

たとえば、「私は子供を産んでも仕事をしていきたいのに、会社で前例がないために、やめさせられそうです」という発言があったとする。それに対して、自分の体験や考えを述べていったりするのだが、この話し合いでは、本人が言わないかぎり、発言者の年齢も、性別も、職業も、住所も、学歴も何一つわからない。ただ、共通のテーマをもって、皆が意見を出し合う。まず人間のソフトウエアで出会える、ユニークな場所なのだ。

よく、有名人がインターネットで自由に発言をしていると聞く。身分を明かさずに「一般人」として「普通」の会話を楽しめるからだそうだ。

とにかく、今女性たちが、多くインターネットを活用するようになったのにはわけがある。今まで、意見を述べる機会があまり与えられていなかったから、本音で語れる場所を求めているということ。ネットワーキングのできる機会も少なく、入手できる情報量が少なかったこと。社内で困ったことを相談できる外部の人がいないことなどもあった。また、子育てという役割も担っていることが多いことから、会社での仕事はできても、一八時以降は子供との時間にあてることが多く、仕事で後れを取ることもあった。だから、インターネットの普及で、より多くの人と、好きな時間に好きな場所から話ができることは、貴重な突破口だと思う。人が眠っている時間に、情報を入手したり、「ウィメンズ・ゲートウェイ」のおしゃべりページにアクセスする。こんな女性がたくさんいるはずだ。インターネットがあれば、新しい出会いもある。

私の会社では、どちらも、女性スタッフの数が多い。ユニカルは社員一〇〇%女性。イー・ウーマンは、八〇％くらいだろうか。ワーキングマザーも多い。〇歳児から一五歳くらいまでの子供を育てながら仕事をしている。

そんな私たちが、家庭のことや、保育園、幼稚園、学校の活動もしながら、プロの品質の仕事をしつづけられるのは、インターネットのおかげなのである。常時接続がすすんでくると、自宅からインターネットを使って、上手に二四時間を活用していくのだ。

夕方から子供が眠るまでは、自宅で「母親」として、家族のための時間を徹底するが、子供が眠った後か、起きる前の時間は、自分個人の時間として、また、仕事をする時間として、インターネットは活躍してくれる。インターネットがなかったら、残業があれば会社に残らなくてはならなくて、家族との時間は少なかっただろう。でも今は、二四時間の配分を上手にすれば、過ごしたい相手と、過ごしたい時間をすごし、なおかつ、プロとしての仕事ができるのである。

オンラインとオフラインの相互活用

コンピュータの活用によって、仕事の効率が上がるだけでなく、お互いに支え合う人間関係がつくりやすいことを書いてきたが、もちろん、すべてのコミュニケーションをコンピュータ上でしようと考えているわけではない。このような、コンピュータを使ったネットワーキングと、直接会うネットワーキングとの組み合わせで、どんな相互活用をしていけば、本当の意味でのネットワーキング術を上達させることができるのかに私の興味は移っている。

コンピュータを電話線でつないでの会話、たとえばサイトでのディスカッションやメールでのコミュニケーションは、電話線（ライン）の上（オン）でのことなので、「オンライン」のコミュニケーションと言われ、直接人に会って話をしたりすることは、線（ライン）の外（オフ）なので、「オフライン」と言われる。この、オンラインとオフラインの両方をうまく活用することで、ネットワーキングの時間を短縮しながら、内容を濃くしていくことができるのではないかと考えたのである。

これまでに実験もしてきた。まず八九年には、NAPW（プロ意識のある女性のネットワーク）のメンバー向けに、電子フォーラム（電子会議室）をオープンした。電子フォーラムというのは、オンラインの掲示板のようなものだと想像していただければいい。コンピュータやワープロで書いた文章を、一人の相手に送ると電子メールと呼ばれるが、同じものを複数の人が読める掲示板に送ると「電子フォーラムに参加している」と呼ばれるのである。フォーラムは、複数のテーマの会議室に分かれているので、それぞれの会議室をのぞいた人は、前の人が残したメッセージを読むことができたり、つづけて自分の考えを残すこともできる。画面では、いろいろな人のメッセージが、順番に並んで表示され、話し合いが進んでいる様子がよくわかる。時間と場所を問わない座談会のようなものだ。

NAPWの電子フォーラム開設当時は、活発にメッセージを書くのは数人だけで、テーマも絞られていて、私自身あまりオンラインネットワークの効果がわからなかった。

しかし、パソコン通信の普及に伴い、多くのメンバーが参加するようになってきたのをきっかけに、電子フォーラムをニフティサーブ（パソコン通信会社名）に移動させ、NAPWとリンガプラスネットワーク（言語＋付加価値のネットワーク）のメンバーだけが参加できるユニカルのメンバー専用電子フォーラムをつくると、変化が見られ始めた。ユニカルにはどんなメンバーが参加しているかわかっていることが、安心できる環境をつくりだし、お互いに会ったことのないメンバー同士でも、はじめから温かいギブ＆ギブンの精神で語り合い、ウィン－ウィンのネットワーキングがうまれたのである。

九六年の秋からは、ついに、具体的にオンラインとオフラインの相互活用をし始めた。それまでは、オフラインのイベントについては、たとえばNAPWの毎月のミーティングの日時と内容などを、電子フォーラムで、「ユニカルからのニュース」という名前の会議室で告知をするのに留まっていた。

「○月○日○時よりユニカルにてミーティングがあります。テーマは美術。メンバーの中で、画廊に勤めている○○さんがリーダーです」などといった発表である。しかし、告知だけでは、テーマの背景などがわかりにくいし、当日すでに仕事が入っている人や東京以外に住む人などは無関心。結局、よくわからないから、今回は欠席しようと考えるメンバーがいても不思議ではない。NAPWでは、働く女性が忙しい中を貴重な時間を使って集まるのだから、会う時間、オフラインの時間を有効に使おうと考えた。

そこで、「〇月ミーティング」というテーマの会議室を期間限定で開くことにした。実際に会うオフラインのミーティング当日の二、三週間前に、ミーティングのテーマの会議室を開き、企画した担当者がオンラインでメッセージを発信する。「来る〇月〇日のミーティングでは、美術について話していきたいと考えています。ところで皆さんは美術館などに足を運んでますか？」など。

すると、次々と全国のメンバーから、美術に対する経験や思い、疑問などが寄せられてくる。最近はこんな美術館に行った、とか、子連れで行ったらこんな体験をした、とか。リーダーは通常のミーティング同様、オンラインの会議室でも、話題を発展させたり、ときには、軌道修正して、座談会のように討論を盛り上げていく。

すると、実際に会うミーティングの当日には、会場に集まる参加者の多くは、すでにオンラインでの会議に参加して話し合いをしてきたので、エンジンがかかった状態になっている。普通、ミーティングというものは、始まって数分、ひどいときは一〇分も、挨拶や主旨説明で過ぎていく。それなのに、ＮＡＰＷのミーティングは、前置きなしに核の部分にすぐに入れるようになった。オフラインのミーティングの濃度が上がったのである。

また、欠席した人のためには、オフライン・ミーティングの様子をテープにとって、原稿を起こし、まとめたものを一週間以内にオンラインの会議室に載せる。オンラインでは、その後約二、三週間話し合いを続けているので、討論を発展させていくことができるというわけだ。

オンラインとオフラインの活用の仕方はいろいろあるだろう。大切なことは、どちらか一方に頼るのではなくて、それぞれの特長を活用して、相乗効果を生み出すことだと考える。

自分を尊ぶ心を持つ
—アイ・アム・プラウドの発想

誇りを持っています：I am proud of myself.

私には、アメリカに住む親戚がいる。母の妹がアメリカ人と結婚し、五人の子供を産んだからだ。叔母、叔父といとこたちは、八年ほど日本で暮らしたこともあるが、その後ずっとニューヨーク州で暮らしている。いとこたちはそれぞれが、すでに家庭を築いている。彼らファミリーとは、今でもよく会い、話し、仲よくしているのだが、それは彼らの生き方に学ぶところが多いからだ。

小学生の頃にはまず強烈なインパクトがあった。遊びに行くたびに、叔母がこう言うのだ。「アンが、クラスで一番よい成績を取ったのよ」「お友達の中から、一番好きな人に選ばれて、○○クイーンになったのよ」などなど。どれだけ自分の子供たちが素晴らしいか、私たちにほめて聞かせるのだ。

はじめはちょっと戸惑った。なんで、いつも自慢話ばかりしているのかなあ、とか、自分のことや自分の家族のことをほめるのは変だなあ、と子供心に思ったこともある。

でも、自慢しているのではないことがわかってきた。自分の子供たちのよいところを、何度も何度も口に出すことで、叔母自身が誇りに思っていることを自他ともに確認していたのだ。成績が一番だったから喜んでいるのではなくて、自分の子供の成果を親として認めて、しっかり言葉として表現することで、子供たちにも、親の愛情を伝えていたのだ。子供たちもそんな表現を頻繁に耳にしていくことで、自分自身のことを誇りに思うようになる。

叔父が「こんなにおいしい食事は初めてだ。今までで一番おいしいねえ」と食事のたびに叔母をほめている姿もほほえましかった。「毎回最高だってほめているねえ」と子供たちは笑ったが、お互いにほめて、認め合う姿は、小学生の私にとって、新鮮であり、憧れの姿であった。英語ではこんな表現をよく聞く。

「I am proud of myself. ＝私は自分自身を誇りに感じています」

「I am proud of my children. ＝私は、私の子供たちを誇りに感じています」

家庭でも、学校でもプライドという言葉をよく口に出す。

「誇り＝プライド」とは一体何だろうか。日本語では、「誇らしげに」というと、悪いイメージがある。「誇り」を辞書で引くと、「名誉、自慢、得意そうなさま」と書いてある。必要以上に自慢したり、自信過剰気味に人に見せびらかしたりするなど、よくないことに使われることが多いようだ。

しかし私は、「誇り」とは自尊心を持つことだと理解している。自分を尊ぶ心、セルフ・リスペクト、自分の大切な生き方の魂の部分をしっかり持ち、その自分に敬意を表わすことではないだろうか。考え方、生き方、仕事や生活の仕方など、自分の中での大切な考え方があって、それに基づいて毎日を送っていることではないだろうか。あるいは、自分のやってきたことに対して、私はここまで来た、とほめてあげることができる、そんな気持ではないだろうか。

尊ぶとか尊敬とかいう言葉も、私たちは日常で使い慣れていない。ときどき、学校で「尊敬する人は誰ですか？」などと聞かれるが、それ以外は出会わない単語だ。くだけた会話では、「すごいよね、尊敬しちゃう」と使うこともあるが、それは「すごい」という言葉の強調として使われているだけで、本来の尊敬の意味は特にない。

もっと、人を尊ぶ心が広がったらよい、と感じる。お互いに理解し、認め合い、前に進んでいくとき、誇りとか、尊厳という言葉を口に出して使うと、自分を動かすことができる。仕事をしていても、家族や友人との関係でも、相手の考えを尊重することは、とても大切だと思う。相手を尊敬し、自分を尊敬するようになると、自分の中にどっしりと「誇り」が芽生えてくる。

そう言えば、ジョージ・ベンソンの歌にこんな歌詞があった。「どんなに他人が私から何もかもを奪っていっても、私の尊厳だけは誰にも奪えない」。その通りなのだ。自分に対する誇りを持っていてこそ、私たちは前に進めるのだし、挑戦していかれるのだし、人に与えることができる。そして、誇りは、誰にも盗めない、自分の宝物なのである。「私は私に誇りを持っています」とつぶやいてみては、どうだろう。

先日、ある雑誌で女性起業家の特集があり、ネイルサロンのクイックの坂野尚子《さかのなおこ》社長と旅行会社の悠遊ワールドの張晞《ちょうし》社長と私の三人で話をする機会があった。会社設立や経営の話をする中で、なんと三人ともワーキングマザー、子供がいるということがわかった。母親が社長という環境での子育ての話に熱中する中で、結局、「子供が誇りに思ってくれるような母親でいたい」という気持で一致した。

以前アメリカのワーキングマザー誌のジュドセン・カルブレス編集長（当時）と話したときも同じような話題になったことがある。彼女は二人のお子さんを育てながら、毎月の定期購読者が九二万人、発行部数は三〇〇万部という月刊誌の編集長をつとめていた。働く母親の問題についてテレビでコメントをしたり、講演をしたり、大活躍である。

個人的にも親しくしているので、ニューヨークに行くたびに食事をしていたのだが、私が妊娠五カ月でニューヨークに行ったときのことだ。具体的な、産後の働き方の話になった。彼女は、とてもゆったりと、自分の経験を話してくれた。

「子供が生まれる前までは、私も普通の編集者として働いていたのよ。でも、出産をして家にいると、どんどん子供に対する愛情が膨らんでいったわ。産後三カ月ほどで、こんなかわいい子供を人に預けて働きに行くからには、それ以上の価値のある仕事をしよう、って意を決したの。それで、私は今まで以上に仕事をして、編集長になったのよ。今は仕事をしていることを誇りに思っているわ。本当に、子供はかわいいものね」

彼女の言葉には、説得力があった。子供が生まれたから仕事の量を減らすとか、責任の小さい仕事に変わるという話は聞いたことがあったが、子供が生まれてからそれまで以上に仕事を熱心にするようになったという彼女の体験談は、私を感動させ、動かした。

実際に私も、子供を産んでみると同じ体験をした。あまりにかわいくて、ずっと一緒にいたいという気持になった。生まれたての赤ん坊を腕に抱きながら、私でなくてもできる仕事だったら絶対にやめていると思ったものだ。こんな宝物を預けて仕事をするからには、価値のある仕事をしたい。子供が誇りに感じてくれるような母親になろう。そう心に誓ったのである。

仕事をしているから、子供との時間は短い。しかし、いい仕事をして、私自身が人として成長したら、それは親として子供に与えることができるし、家族にとってもプラスの成果を生み出すのだから。

ニューヨーク出張では、アメリカの女性起業家たちが開く大会議にも出席した。私の会社、ユニカルが姉妹団体として長年プログラムを一緒に行なうなどしてきている団体、AWED（アメリカ女性経済開発組織）が主催する会議だ。二〇〇〇人以上の女性起業家が一堂に集まる。

この会議期間中に開かれた卒業生リセプションに、卒業生ではないが関係者として招かれたので出席すると、そこには一〇歳くらいのかわいい女の子が笑顔を振りまいていた。私は彼女に近寄っていって話しかけた。「あなたのお母さんはどこ？」。すると、彼女は胸をはって答えたのだ。「私のお母さんは、プレジデントよ」。AWED代表のスザンヌ・タフツさんのお嬢さんだとわかった。働くお母さんを誇らしげに語る娘。私は感激して胸を打たれた。

アメリカでは、数年前から、一部の働く母親たちが四月二六日を「娘を職場に連れていく日」と決めて、娘を仕事場に連れていくようになった。母親の仕事を見て、理解し、実感し、誇りに思ってもらおうという趣旨だそうだ。そのうえ、娘が将来、仕事をしたいと感じるように小さいうちから職場を見せるという狙いもあるとも聞いた。最近は、「息子を連れていってもいいですか」と尋ねる父親がでてきているようだ。

母親も、父親も、同じように働く親である。子供を育て、家族を形成している。その上で働くのであれば、自分の仕事に誇りを持つこと、子供と離れている時間を価値のあることに活用することが大切なことなのだと思う。

シフトするきっかけは、どの瞬間にもある

シフトというのは、スイッチを切り替えること、方向転換をすることである。私は、たくさんのシフトをしてきた。「若くして会社を設立するなんて、さぞ昔から独立志向があったのでしょうね」と尋ねられることもあるが、実は違う。結婚観、人生観も、二〇代中頃に大きくシフトしたのだ。

自分で言うのは変なのだが、私は、二四、五歳までは大和撫子《やまとなでしこ》のように生きてきた。一時期をのぞいて、服装はいつもスカートに九センチのパンプス。髪は長く、女っぽかった。常に男性の一歩後ろを歩くことを、必ず守っていた。留学中に「アメリカはレディーファーストの国だから、女性は前を歩いてほしい」と言われても「私は日本人です。日本女性

は男性の一歩後ろを歩くものです」と言って、決して譲らなかったのも覚えている。

理想としては、二五歳くらいで結婚をして、ちょっとパーマでもかけて、家で着物を着て、家事を完璧にこなして、夕刻には着物姿で三つ指をついて夫を玄関で出迎えたい、などと思っていた。本当のことだ。

親の影響でもない。友達の影響でもない、誰に言われるともなく、三〇歳くらいまでには子供がほしいと思った。女性は、地球上に生まれてきた以上子供を産むのが摂理だと信じていたのだ。

子供は二人ほしいと思った。だから、一人目は二〇代のうちに産まなくてはならなかった。逆算すると、二八歳までに妊娠していなくてはならないから、二五歳の結婚がだめでも、二六、七歳で結婚していなくてはならない。そうなると、今付き合っている人と、きっと結婚をすることになる。そう信じきっていた。今考えると、何とも不思議な逆算方法だが、私は当時、大真面目にこれを信じていたのである。

二五歳のときに、アメリカに二度目の旅をした。一度目が大学時代の留学で、アメリカにあまりよい印象を持たなかったので、もう一度、アメリカを体験したいと思って自主的に行った旅だった。このとき、知人の家で夕食を御馳走になった。結婚したばかりの夫婦だ。日本人の女性、貴子さんと、アメリカ人のミュージシャン、Ｔ Ｍ・スティーブンスのカップルだ。今は、ベーシストとして大スターになったTMも当時は駆け出しのミュージシャン。それに、まだお互いの会話もたどたどしく、私が夫婦の会話を通訳する場面もあったくらいだ。が、その二人は見つめ合って、私にこう言った。「目を見たときに、この人だと思ったの。言葉はわからないけど、絶対にこの人だって」。よく聞く話だが、何か信じられない。本当にそんなことってあるのだろうか。言葉が通じないのに、大丈夫なのかしら、などと思いながら、そんなカップルを目の前にして、何となく私は、自分の結婚への考え方を話し始めた。

「私は、三〇歳くらいまでに子供がほしいんです。……だから、逆算していくと今付き合っている彼と、結婚することになると思うんだけど」。私が話し終わると、TMがゆっくり口を開いた。「僕はちょっと違う考えなんだ。確かに子供は大切だと思う。よく、子はかすがい、とも言う。でも、一番大事なのは夫婦の愛情じゃないかなあ。アメリカでは、子供は大学に入学する一七歳で親元を離れて自立する。もしも、子供のために結婚相手を選び、子供を一番愛しながら暮らしていったら、一番愛する人とたった一七年で離れなければならなくなるんだ。そして、その後は、二番目に愛する人と暮らすことになるんだよ。これではつらい。それにね、自分がつらいだけじゃない。子供は、成長の過程で両親を見て育っていくんだよ。自分の両親がもし愛し合っていなくて、二人の愛情が自分だけに注がれていたら、どうだろうか。愛し合っている両親を見て育つ子供は、きっと愛情豊かだと思うんだ。僕は、将来子供を持つかどうかわからない。でも、結婚は、一生一番愛することができる相手としたいと思ったし、その愛情を育んでから、子供のことは考えたいと思うんだ」

彼の言葉には、説得力があった。明確な論理があった。私は、二五年間信じてきた自分の哲学が、一瞬のうちに崩れ去ったのを感じた。ガラガラと音を立てて崩れていくのが聞こえてくるようだった。

この瞬間に私はシフトした。そうだ、自分の人生なのだから、自分の選択でしっかり生きよう。結婚生活も、これからの人生も、自分の力で切り開いていこう。そう考えた私は、今までの考えにしがみつくことをやめた。帰国した私は、自分の人生観をあらたにし、結局付き合っていたボーイフレンドとは別れて、自分の人生を自分の選択で歩き始めたのだ。

両立からタイムマネジメントへ

女性が仕事をしていると、どうしてもついて回るのが、「家庭との両立」という言葉。私自身も、よく問われる。私は、小さいながらも会社の経営者であるし、ニュースキャスターもしているし、非営利の団体の代表をしているし、新聞や雑誌の執筆もしている。いろいろなところで講演もしているし、妻であり、母である。だから「両立させるのは、さぞ大変でしょうね」「どうやってバランスをとっているのですか?」といった質問をよく受けるのだ。

しかし、私は、どうやったら上手に両立できるかなんて考えたこともない。なぜなら、「両立」という考え方をしないからだ。

両立とは、文字通り、二つのものを立てること。辞書を引いても「二つのものが並び立つこと。両方とも成り立つこと」とある。だから、人生を表現するときにこの単語を使うと、その時点で、二つの別のものを扱っているという気にさせられる。それがこの単語の前提条件だからだ。

しかし、実際、子供を育てることも、妻でいることも、仕事をすることも、どれも私にとって、別々のことではない。私という人間の活動内容であり、私という一人の人間を成長させていく要素なのだ。

大学生のときには「学校と家庭とどうやって両立させているんですか?」などと質問する人はいなかったのに、なぜ、働くようになると、そのような質問を受けるのだろうか。独身の独り暮らしの私に、「どうやって仕事と家庭と両立させているんですか?」と聞く人はいなかったのに、どうして、結婚した途端に、質問されるのだろう。夫には「仕事と結婚生活の両立」とか「仕事と育児の両立」を質問する人がいないのに、なぜ、私たち女性は質問攻めにあうのだろうか。

自分が考えていなくても、これだけ多くの人たちから繰り返し同じように「両立は難しいでしょう?」「どうやって両立させているのですか?」と聞かれていると、それが潜在意識にインプットされていって、知らないうちに、「私はどうやったら両立できるのだろうか？　難しい。私にはできないのではないだろうか」と考えるようになってしまう気がするのだ。

バランスという単語も同じだ。「バランスをとる」という単語を聞いて、まずどんな場面を想像するだろうか。私が想像するのは、綱渡りをしているピエロ。落ちないように、悲しい笑みを浮かべながら、一歩一歩細い綱の上を歩いていく。女性が、結婚をし、子供を産み、そして仕事を続けようとすると、バランスという単語が使われることも多い。成しとげることが難しいというイメージを持つ単語だ。一歩間違えると、もしかすると落ちてしまう。女性は、この言葉が使われるたびに、そんな冷や冷やした状態を無意識に繰り返し、脳の奥深くにインプットし、自分は大変なことをしているのかもしれないという錯覚に陥るのだ。

私は、両立とか、バランスという言葉を使って多くの人が女性の人生観を問うことは、「女性を惑わせるための世界的な陰謀」に違いない、とさえ思っているのである。

会社では誰もが複数の仕事をしているだろう。ファイリングもすれば、飛び込んできた仕事の企画書も書く、会議のまとめもつくるだろうし、外部の人との仕事のマネジメントもしているだろう。電話を受けたりかけたりもする。一人で数々のプロジェクトを担当している人も多いはずだ。部下を持つ人は、部下の担当する仕事についても、リポートを受けるだろう。しかし、それらの複数の仕事をどのように「両立」させるかと考える人はいない。どのように「バランス」をとっていこうか、などとも悩まないだろう。「マネジメント」と考えるはずだ。マネジメントとは、管理すること。平たく言えば、自分自身の力で効果的に都合をつけ、成果を挙げること、だろう。

「仕事と家庭など、どうやってバランスをとっているのですか?」との質問を受けたとき、私は、こう答えている。「結婚と仕事だけでなく、育児も、テレビも、執筆も……といろいろあるので、私の場合、二輪車でなくて三輪車、四輪車なのです。バランスをとらなくても、もともとたくさんのタイヤがあるので、転びません。楽しいものです」

楽しむために、それらの役割をマネジメントしているのである。まず、はじめから予測の立つすべての役割、行動を自分の時間内でスケジュールを組む。タイムマネジメントである。もちろん、ビジネスにも私生活にも突発のできごとは起こる。これは、リスクマネジメント。危機管理である。たとえば、子供が熱を出したり、クライアントから突然呼びだされたり、大きなプロジェクトが入ってきたりするわけなので、それらを、すべて同じレベルでマネジメントするのだ。他の人に比べてちょっと担当プロジェクトが多いだけだ、と思えばよい。

ところで、ものを考えている時間というのは、案外、長い時間を費やしている。時間が貴重な財産である私たちにとって、タイムマネジメントは肝心であり、その秘訣は、考える時間の効率を上げることだと、親友の弁護士が、以前教えてくれたことがある。

弁護士事務所によっては、六分刻みで仕事の報告書を付けるところもある。出社した朝九時から、六分ごとに、何をしたのかを記録する。誰のための仕事をしたのか、その六分は誰に請求できるのか。毎月、たとえば一五〇時間分、請求ができる仕事をしてくださいと言われることがあるという。本当の意味での実働の考え方である。友人から電話がかかってきて雑談をした時間は、誰にも請求ができないから、「友人との電話」と記録して、その分、六分長く働くことになる。だから、タイムマネジメントの達人となっていく。そんな彼女がこう言った。「一番無駄な時間というのは、同じことを二回考えてしまうことなのよね」

確かにそうだ。誰かに朝一〇時に電話をして、その相手がいないと、再度電話をすることになる。それは仕方がない（電子メールなら、この無駄もなくなるが）。四時頃戻ります、と言われていたのに、気づいたときは五時。電話をかけると相手はすでに次の会議に入っていて、話ができない。「会議が終わったら、電話をください」と頼んでおいたら、六時過ぎに電話がかかってきた。思いがけない時刻だったせいもあり、「あ、電話ありがとうございます。え〜と、なんだっけ」ということになる。三つの用件のうち二つまではかろうじて思いだしたが、もう一つが思いだせない。結局、「思いだしたら、また電話します」などと言って電話を切る。よくある話だ。

一日かかってもきちんと連絡ができないケースだ。頭の中で、相手に伝えるメッセージを考えた回数は、一体何回だったであろうか。朝の一〇時、午後四時かどうか確認するために時計を見た何回か、午後五時、そして、六時。

弁護士の彼女は付け加えた「とにかく、二回考えなくていいようにメモにとっておくのがいいのよ」。私は、それ以来、スケジュール帳やメモシールなどを活用して、同じことを二回考えなくてよいように心掛けてきている。

電話をかけるときには、かけながら、話す要点をメモシールに書き出す。三項目あれば、三項目を箇条書きで書く。相手がいなくて、午後三時にかけ直すよう言われたら、スケジュール帳の三時のところに、「〇〇さんに電話」とメモをして電話番号も書く。そして、その脇にメモシールを貼っておく。午後三時、何も考えなくてもいい。書いてある電話番号に電話をし、メモを見て話せばよいのだ。脳をゼロから再起動する必要がないから、話が短くて済むのだ。

アメリカのワーキングマザー誌でも、「賢い働く母親のショッピング術」という記事の中で、買い物リストは、買いに行くスーパーマーケットの売り場順に書き出していくと、リストの上からどんどん買い物ができるので時間効率が上がる、とアドバイスをしていた。

タイムマネジメントを極めるのは簡単なわけではないかもしれない。しかし、たくさんのプロジェクトをマネジメントし、それぞれにプラスの結果をつくるには、それだけの計画と労働が必要となる。自分一人でやるのではなく、多くの人の助けも借りていけばよいのだ。

私も、人生のマネジメントをするのに、自分の会社のスタッフ全員はもちろんのこと、その他の仲間たちのサポートも受けている。家族からもサポートを受けているし、ベビーシッターさんにも、保育園にもサポートしてもらっている。それら多くの人たちの援助を受けて、初めて、複数のプロジェクトのマネジメントができるのだ。

おかあさんは○○ちゃんが大好きです

「二歳の子供がいます」と言うと、時に、「そんな小さい子供を預けておかあさんが働いているなんて！　少なくとも三歳までは母親がそばにいないとよくないですよ」と言われる。確かに、子供と過ごす時間は大切だし、その時間が長ければ多くの体験を共有できる。でも、親子関係の評価は時間数だけでは測れないだろう。どの調査を見ても、働く母親の子供が専業主婦の子供より悪く育ったなどという報告は一つもない。うまくいかないケースもあるだろうし、うまくいくケースもある。子供の育ち方は、親が働いているかどうかではなく、親子関係や、夫婦関係、一人ひとりのものの考え方や健康状態、学校環境などなど、多くの要素との関連で結果が生まれているからだ。

私の場合、働いていることと、結婚していること、もうすぐ二歳と七歳の子供がいること。この事実は変えようと思っていない。だから一緒に過ごす時間の質を高めることが重要な課題なのである。では、子供と過ごす時間の質をどのように高めるのか。スキンシップと言葉と笑顔で愛情表現をしている。

まず抱きしめる。触れる。キスをする。話をする。笑う。などなど……。毎日最低二〇回は「おかあさんは○○ちゃんが大好きよ」と、口に出す。そして、ほめる。「おかあさんは○○ちゃんが大好きよ」「You are very special.（あなたはスペシャルな人よ）」「You are precious.（あなたは宝物よ）」と、子供の耳元でささやいて、キスをして抱きしめたり、両手を握って目を見つめてキスをする。会えない時間もあるけれど、母親は自分のことをしっかり愛してくれている、いつも母親は自分のことを考えていてくれるのだ、と子供が頭で理解し、脳の奥深くに刻み込み、心で受けとめて、安心できるように、具体的な愛情のストローク（表現）を続ける。

子供は私の言葉を受けて、「うれしい」とか、「○○ちゃんもおかあさんが大好き！」とか、「○○ちゃんはおかあさんとおとうさんとおばあちゃんと……みんな大好き！」と言ったりして、私にキスをしてくれることもある。

また、安心スポットに手を当てるようにもしている。胸の少し上の中心部分と、背中側の同じ部分。この場所、どちらかに手を置くと、置かれた人は、スーッと気持が落ち着く。大人でも、子供でも同じだ。だから、家に帰ってすぐに、子供を膝に座らせて、安心スポットに手を置きながらお話をする。子供はすっかり安心して、私の愛情をそのまま受け取ってくれる。

ほめる、というのもある。子供が歌を歌ったとか、一人で顔を洗ったとか、ご飯を最後まで食べたとか、誰かに挨拶ができたとか、当然なされるべきことができたときも、毎回「すごいね！」と笑顔でほめてあげる。子供がすでに十分習得したことでも、「できたね！」とか「上手でした！」とか言葉に出して、確認する。そして、そのうえで、「上手だったから、キスしてもいい？」と聞いて、抱きしめて、頰にチュッとキスをする。頰にチュッとキスをされていやな人はいないだろう。子供もうれしそうだ。私にもお返しをしてくれる。

以心伝心、ということもあるだろう。何も言わずに心が伝わる人間関係はとても大切だと思う。しかしそれだけに頼るわけにはいかない。恋人同士でも、夫婦でも、職場の仲間でも、やはり言葉に出して言った方が、より正しく理解できるだろう。伝わったかどうかの確認も取れるからいい。

子供にとってみると、スキンシップなどの肌の体験に加えて、言葉として耳で聞こえるメッセージを受け取ると、情報として脳に届くから、安心体験が増える。人間関係とは、安心と信頼のもとに築かれていくものだと思うから、触れ合い、言葉に出し合い、笑顔でほめる密度の濃い時間は、なにより大切な基盤なのである。

昨日、ほぼ一カ月半ぶりに夫が海外出張から帰ってきた。だが、帰宅した夫は忙しく、ほとんど会話ができずに一日が終わってしまった。朝食を食べながら、私が子供に「おとうさんとお話できなくて、おかあさんさみしくなっちゃった」と話しかけると、「大丈夫。○○ちゃんはおかあさんが大好きだし、おとうさんもおかあさんが大好きだし、おばあちゃんもおかあさんが大好きだし。ね、さみしくないよ」と、いつもの名前をすべて並べて、慰めて（？）くれた。そして最後に私の頬を両手で押さえて唇と鼻の頭に、チュッとキスを二回してくれたのだ。子供たちから、愛情をもらい、心から感謝している。

人間関係は、愛情のギブ&ギブン。子供との関係も、大人同士の関係も、同じなのである。

人生はジェットコースター

いつも楽しそうな人を見ると、多くの人は「あの人は、きっと特別なんだ。悩みなんてないんだろう」「きっと恵まれていたんだろう」と考える。自分と違うと考えることで、ちょっと楽になれるからだ。なかには、「あんなふうに見せているけど、隠したってだめさ。きっと失敗だってたくさんあるに違いない」と考える人もいるかもしれない。

当然のことだ。誰の人生にも山もあれば谷もある。まるで、波のようなもので、高波がくるときもあれば、なぎのときもある。それを自然なこととして受け入れることができれば、波も怖くない。人生というサーフィンを楽しめるのだ。

人生は人によってそんなに違うものではない、と思う。喜びの量だとか、悲しみの量だとか、うまくいくことの回数だとか、うまくいかないことの回数だとか、もし、そんなものを客観的に数値として測ることができたら、その量は、どの人もさほどの違いがないのではないかと思う。どんなにうまくいっているようにみえる人でも、きっと皆同じであろう。多分、違うのは、うまくいったことに光を当てているのか、失敗したことばかりを見ているのか、である。毎日の暮らしの中で、どちらの体験を頻繁に思いだしているのか。そのどちらの部分を頻繁に口に出しているのか、なのではないだろうか。

「成功するためのノウハウ」とか「人生で成功する」などの表現を見ることがある。私自身も、成功という単語を使うことがある。でも、一体、成功とは何だろうか。人生における成功とは何なのだろうか。

私は、成功という単語を二つの意味で使う。一つは、「一緒にプラスになる」関係を築いていること。もう一つは、楽しんでいることだ。

「私の人生、成功だった」と、もし、死ぬ直前に振り返って言うことができるとすれば、それは人々に囲まれ、喜ばれ、愛され、楽しい人生だった、ということではないだろうか。毎日が楽しければ、まずは、成功だといえる。いつか死んでいくとき、「本当に楽しい人生だった」と言えれば、本望である。

日本語では、楽しいという漢字が楽（らく）という漢字と同じだから、喜ばしい、という意味より、たやすいという意味にとられがちな気がする。「人生、楽しければよい」などと発言をしようものなら、「遊んでいればよいのか！」と怒られんばかりである。でも、私の言う「楽しさ」は楽をするという意味の easy ではなく、幸福という意味の happy であり、楽しむという意味の enjoyment なのである。

「人生をエンジョイしていますか？」とは、よく使われる言葉だが、私は自分自身に「毎日、エンジョイしていますか？」と問うているわけである。

以前聞いた話がある。アメリカの大企業の社長さんで、スヌーピーの腕時計をしている人がいたのだそうだ。時計のフェイスの部分に、スヌーピーがにっこり笑顔で描かれていて、吹き出しがついている。台詞《せりふ》は「アー・ユー・ハッピー？」（あなた、楽しんでますか？）

忙しくて、プレッシャーが多くて、時間に追われている社長さんは、時計を見るたびに自分が人生を楽しんでいるかどうかチェックしていた、というのである。

人生苦あれば楽あり。

誰だって落ち込んだり、怒ったり、悲しんだりすることはある。でも、私が学んだことは、落ち込むときはとことん落ち込むということ。たとえば、ジェットコースターの下りのときにブレーキをかけつづけたらどうだろう。「嫌だあ、落ち込むのは嫌だあ。どん底なんて嫌だ。落ちたくな～い！」とブレーキをかけつづけたらどうだろう。きっと、その落ち込む体験は、長く苦しいものであり、ブレーキをかけようと踏んでいた足は疲れ、ブレーキは焼きつき、汗だくになってしまう。

それでも、やっぱり、ジェットコースターはどん底につく。しかも、ブレーキを踏みつづけたために、底についたときには疲れ果て、ゆっくりゆっくり降りてきた車体は勢いがなくなり、上昇していく勢いがない。それならば、両手を上げて（？）「きゃ～！」と叫び、楽しみながら落ちていくのはどうだろうか。どうせ落ちていくのだから、自然に任せて落ちてみたい。勢いよく落ちた車体は、その勢いで、またすぐに高く上がっていくことができるではないか。人生も同じなのである。

車の運転とも似ている。たとえば、道に迷ったとしよう。人生で迷うこともたくさんある。さっきまでは楽しくドライブしていた。道もわかっていた。自信があったのだ。でも、今、迷ってしまった。迷路のようだ。周りに何もないところに迷い込んでしまった。どうしよう。そんなときに、「さっきまでは良かったのに。今までうまくいっていたのに。ああ、そこで左に曲がらなければよかった。誰もついてこない。ああ、さっきまではよかったのに……」とバックミラーを見つづけて、後ろばかり眺めていたら、どうなるだろう。今までの人生はよかったのに、どうしてこんなことになったのか、と悔んで後ろを向いていたら。

前を見ないで運転したら、必ず事故を起こす。嘆き悲しみながらバックミラーばかり見つめていたのでは、前に進めないのである。

人生は、まるでジェットコースターのようだ。誰の人生も、同じように上り下りがある。ただ人生のジェットコースターは、ブレーキをかけることもできるし、バックミラーもある。自由に運転もできるようになっている。スピードの調節も自由だ。

だからこそ、私は、落ちるときにはさっさと落ちるようにしている。とことんどん底まで、勢いをつけて、気持よく落ちる。嫌なことがあって、泣きたいときは「ばかやろう！」と叫んでから、「九時頃まで泣いていよう」とか、「今夜一〇時くらいまで落ち込もう」とか自分で決めて、その間とことん怒ったり悲しんだりする。でもその後は、その勢いで、楽しい明日を考えて眠ったりできる。

私が単純な人間だからかもしれないが、これも訓練だと思っている。泣いて、悲しんで、叫んで、その後はケロッと、その勢いで上に登っていく。もちろん、私の人生にも、上り下りがたくさんある。人生のドライブではバックミラーを見ることもある。でもそれは、ちらりちらりと見るだけ。ほとんどは、前を見てのドライブだ。

どんなにプレッシャーがあっても、「私、楽しんでるかな？」と問いかける。そのプレッシャーをも楽しめるようになったら、しめたもの。問題解決は、相当スムーズにいくはずだ。

人生、同じ量の喜びと悲しみがあるのだから、ダイナミックに生きた方がずっとおもしろい、と私は思う。

小さな選択の積み重ねがチャンスを呼ぶ
——チョイスの発想

チャンスは小さな選択の集まり

「フリーランスでミュージシャンの通訳をしていたというけれど、やっぱり音楽業界での仕事をみつけるのってコネが必要なんでしょう?」。このような質問を受けたことがある。あげくの果てに、「会社を経営しているなんて、ご主人はきっと年配のビジネスマンなんでしょう? リッチな方なんでしょうね」なんていうのまである。両方ともハズレである。

私が仕事を始めたのは一五歳のとき。まったくコネはなかった。アルバイト先も、電話帳をめくりながら、一社ずつ電話をしてみつけた。コンサートのプロモーションをしている組織は当時横浜に四カ所電話帳に載っていたので、音協などの団体を含めて、すべての番号に電話をして「高校生なんですが、チラシを配るアルバイトなどありませんか?」と聞いてみた。二カ所から可能性ありと言われた。一つが音協で「じゃ、名前と電話番号を控えさせてください、何かあったら連絡します」。結局なんの連絡もなかった。もう一つが「キョードー横浜」。できたばかりの会社で、結局ここで私は八年間アルバイトをすることになった。

高校生のアルバイト、というと当時は喫茶店のウェイトレスがほとんどだったから、この発想は新しかった。電話帳で探したのは、他に方法が思い当たらなかったからなのだが、音楽業界を思いついたのは、過去にコンサートを見に行ったのがきっかけだった。

横浜に住んでいる高校一年の私にとって、東京までコンサートに行くというのは一大イベントだった。先輩に連れられ、何回か大好きだったグループのコンサートに足を運んだ。確か、二回目か三回目だったと思う。中野サンプラザのロビーを先輩たちと歩いていると「君よく来てるね」と声をかけられた。レコード会社の人だった。「いえ、この先輩の方がずっとたくさん来てます。私はまだ二、三回目で……」と答えたのを覚えているが、それから、このレコード会社の人たちと仲よくなった。

先輩たちとみんなでポスターをもらいに行ったりもした。自主的なファンクラブをつくっていた私たちは（当時約三〇〇人に毎月会報を送り、文通していた。やはり、昔からネットワーキングが好きだったのがうかがえる）、レコード会社で会報を毎月コピーさせてもらえることにもなった。

そんなとき、ある担当者から「チラシを配ってくれない？」と頼まれたのだ。コンサートの会場で約六〇分間、チラシを配るだけで一五〇〇円もらえるという。時給四〇〇円の時代である。これは割がいい、と引き受けた。東京からチラシを運んできて横浜のコンサート会場で許可をとって、会場の外で配る。今から考えるとそんなに割には合わない気もするが、当時はとてもいい仕事に思えたのだ。

そんな体験があったから、もしかすると横浜でも同じような仕事があるのではないか、と電話帳をめくって、仕事を探したというわけだ。

仕事をもらえるようになったら、今度は私は、チラシ配りを誰よりも短時間で、うまくできるようになりたいと考えた。そんな腕が買われたのか、私は、チラシを配るだけでなく、コンサート会場の入り口でのもぎり（チケットを切る人）を頼まれるようになった。手頃な値段のユニフォームを探してきたり、高校から友人をスカウト（？）してきて、皆でアルバイトをした。仕事の内容を理解し、分担して、最終的にまとめて、と全体的に仕事を一括して任されたりした。その後、プログラムの販売を頼まれたり、会場アナウンスを頼まれたり、大学の頃には楽屋でミュージシャンの通訳もするようになった。私の仕事人生の、最初の時代である。

仕事に対して大きな夢があったわけではないし、その仕事が大好きだったというわけでもなかったが、自分に与えられた仕事は最高に仕上げたいという意地が、私にはあった。たとえば、プログラムを売るのなら、誰よりも数多く売って、お金も間違えない、という実績をつくりたかったし、チラシを折って座席に配るのなら、誰よりもきれいに早くたくさん折り、配りたいと全力で挑戦した。そんな姿を認められてか、高校生のアルバイトが多くのことを任されるようになっていったのである。

仕事は、周りを見渡すと山ほどある。仕事があることに気がついて、仕事の目標を自分でつくりだし、与えられた仕事で最高の成果を繰り返しつくっていくことが、次の仕事への扉の鍵になってきたように思う。

リポーターの仕事はどうやって手に入れたのですか？　起業のきっかけは？　とチャンスがどんなところにあったのかを問われることがあるが、これも同じである。私自身も他の人がどのようにチャンスをつかんだのか、どんなときにきっかけがあったのかは興味がある。しかしチャンスというのは、目立った形で存在していることは少なく、数々の小さな選択の結果のように思えるのだ。振り返ってみてはじめて、チャンスと名付けることができる、というケースが多いようだ。

私たちの生活は、選択の連続である。何をするか、しないか、何と言うか、笑うか、怒るか、すべての行動や感情は、自分で選択をしているわけである。無意識のうちに選択をしているものも数多くあるが、自分の思考や行動をスローモーションで見てみると、どのような選択をしているのか自覚できる。チャンス、というのは、これらの日々の小さな選択の延長線上にあるものだと思う。

「ねえ、翻訳の仕事をしているんだったら、ちょっとお願いできないかなあ」と、数年ぶりに大学時代に知り合った先輩から電話がかかってきたのが、ニュースリポーターになったきっかけだった。「今、僕は雑誌の編集をしているんだ。だから、そのまま雑誌に載せられるようなちゃんとした原稿書いてもらえるかな」。その人はそう言って、英文の原稿を送ってきた。確か、その翌年『上海の長い夜』を出版したチェン・ニエンさんについての内容。まだ、英語での書籍しか出ていなかったので、彼女の生き方を紹介したり、日本語版が出版されるということを紹介した記事だったかと思う。内容はよく覚えていないが、中国の地名や中国語の固有名詞がたくさん出てきたのを覚えている。私は、事実を間違えてはならないと中国大使館に電話をしたりして、いろいろ確認をし、「雑誌にそのまま掲載されてもよいというような原稿」を、四〇〇字詰めの原稿用紙に仕上げた。ワープロも、ファックスも、留守番電話も、ポケベルも普及していない時代だ。何度も書き直し清書して、普通なら郵便で送るところを、久しぶりに連絡をくれた先輩だからと、中央区にあったオフィスまで足を運んだ。原稿を手にした彼は「ふ～ん、まあこのくらいできれば上出来だね」と一言。私は通訳者だったから、めったに翻訳はしなかったので、とにかくホッと胸をなでおろしたのを覚えている。

この先輩が電話をしてきたくれたのは、私が毎年、年賀状や暑中見舞を出していたからだ。六年も会っていなかったのに、ハガキに仕事の状況などを書いていたから思いだしてもらえたらしい。感謝の気持も伝えたかったし、少し長いブランクを埋めるためにも、ちょっと雑談をしていた。すると突然、「そういえば昨日、飲みに行ったお店で『ニュースステーション』の人に会ったんだ。今、リポーターを探しているんだって。君みたいな人いいんじゃないかなあ。興味ある？」。私は、あまりの突拍子のなさに「え？？？」。「ニュースステーション」と言えば当時視聴率三〇％という「超」人気報道番組。興味がないことはない。しかし会社設立準備中だし、そういう仕事は考えたこともなかった。人生プランに入っていない。とはいえ、新しい世界の人と知り合うのもいい経験だろう。そう思って「よくわからないけれど、紹介してくださいますか？」と答えた。

翌日、電話があった。「局に電話をしてみたら、スタジオ見学ならどうぞって言っているけど、どうする？　電話してみる？」。またもや悩んだ。スタジオ見学という趣味はない。そんなに簡単な話があるわけがないな、と思いながら、新しい出会いは好きだから、

「わかりました、電話してみます」と、私は番組に電話をすることになった。やはり、スタジオ見学に来ますか、というお誘い。リポーターのことは忘れて、見学させていただくことにした。

当日、挨拶をするやいなや「どうぞ」と地下のスタジオに通された。「ここが、いつも『ニューステーション』で使っているスタジオなんですよ。あそこが久米さんの席。どうぞ、座ってみてください」。私が混乱している中、スタジオには煌々《こうこう》とライトがつき、気がつくとカメラマンがスタンバイしていた。心臓が飛び出すとはこのことだ。何が起きているのか理解できずに、私は言われるままに久米さんの席に座った。すると今まで私を案内してくれていた男性が私の右側に座り、いきなり質問を始めた。「最近のニュースで関心があることはなんですか？」とか、「海外の国ではどんな問題が気になりますか？」などだったと思う。数分間の質問が終わると、今度は上のフロアーから女性が降りてきて、私の左側に座った。英語での質問だ。「この番組でどのような役割を担いたいですか」という質問まであった。スタジオの見学に来ただけで、心の準備がない。動揺を隠しながら、私は「リポーターになりたいです」と答えた。リポーターというのが何をする人なのか、実はよく知らなかったのに、である。

二人からのインタビューが終わるとテーブルの前に立たされた。カメラが足の先から頭さい」と履歴書を送ってくださいます、「どうもありがとうございます」。人生でこれほど緊張し、何が起きたのかわからなかったことはなかった。テレビ局を出たときには膝がガクガクして歩けないし、両手が震えて物が持てないし、心臓の鼓動はものすごいスピードだった。興奮覚めやらず、身体の震えがひどかったので、近くの喫茶店に入って休んだのを覚えている。

後で聞いた話だが、番組のスタッフには、私はまったく物怖《ものお》じしないタイプに見えたそうだ。あがっているようには見えなかったらしい。結局、その後二、三週間の選考プロセスがあり、会社経営をしながらのリポーターでもよいということで、番組のリポーターに採用されたのである。思いがけない仕事の合間から、幸運にもチャンスが訪れた。

スタジオ見学は趣味じゃないと断っていたら、このチャンスは来なかった。中国大使館に電話してきちんとした原稿を仕上げていなかったら、この仕事は来なかった。翻訳原稿を郵便で届けていたら、この仕事は来なかったかもしれない。年賀状や暑中見舞を出していなかったら、この仕事は来なかった。それに、自分の人生計画にないことを受け入れる挑戦の気持がなかったら、会社設立準備中の私はこのチャンスに巡り合わなかったかもしれない。

もっと正直に言えば、リポーターというのが「チャンス」なのかどうかも、わからなかった。しかし、機会を与えられたのでやってみた。挑戦してみたら、二五カ国以上の国々に行き取材をする機会を与えられ、地球という大きな視野で物を考えることができるようになった。東京の生活がいかに恵まれているかを知り、地球社会に貢献しながら生きていこうと考えるようになった。

番組をつくる一流の人たちに囲まれて仕事をすることで、プロの働き方も、物の考え方も学ぶことができた。時間がたった今だからこそ、振り返ってみて、チャンスに恵まれたと理解しているのである。

「チャンス」というのは、結果的に後でわかることも多い。きっと、誰にでもたくさんのチャンスがあるのだろう。人生が進むにつれ、木の枝が分かれていくように、毎日の生活の中でも数々の選択、チョイスがある。その選択の積み重ねが、きっと「チャンス」となって、後に、大きなものとして再度認識されることがあるのだ。

毎日の行動や考え方の一つ一つを自分が自分の意志で選択をしていくと、その集合体として、チャンスがあるのではないだろうか。「与えられた機会を一つ一つ育てる」、それが、チャンスをつかむということなのかと思う。

目的というアンカーをおろす

歩くのか立ち止まるのか、右に行くのか左に行くのか、電話をかけるのかかけないのか、謝るのか謝らないのかなど、選択の連続が私たちの人生なのだと考えたときに、私はとても楽になった。周りの状況に左右されているのではなく、自分が選択しているのだと認めることができたとき、人生の主導権を、自分で握ることができるようになった。

では、それだけ数多くの選択を、何を基盤にしていけばよいのだろうか。今まで無意識のうちに選択をしていたものもあるけれど、瞬間的な選択もある。だから、すべてとはいえないかもしれないが、大切なのは目的を理解することだと考えている。

目的とは、ある行為が行なわれている意味であり、その行為をもって達成したいと考えている意志のことだと思う。だから、すべての行動には目的があると私は考えている。

私が朝目覚めて「おはよう」と夫に声をかけるのは、私は起きたわよ、と伝えるだけでなく、あなたのこと好きよ、という意味もあるし、私元気よ、という意味も込めてある。「おはよう」という挨拶でさえ、うすっぺらい朝の決まり文句ではないのである。

仕事をするときも同様である。どの仕事にも目的がある。通訳や翻訳の伴うコンサルティングの仕事をしていても、それは明白である。

一つ、通訳の例を挙げてみよう。中国からある商品を売り込みに来たビジネスマン李氏がいたとする。通訳者はこの李氏に雇われた。李氏は、自慢の商品を売る契約を取り付けたいと考えて、A社とのミーティングを予約した。さて、その会議の席で、李氏は熱弁をふるってこの商品の特長一〇点を挙げて、魅力を話した。李氏の目的は、A社という日本企業と売買契約を結ぶことである。

たとえば、通訳者のCさんは、自分はベテランだからと、個々の仕事の目的をしっかり考えずに、とにかく通訳しようと考えた。李氏の北京語を完璧に通訳した。どの言葉も落とすことなく、正確に日本語に置き換えられた。しかし、声のトーンは平坦で、李氏の熱弁とはまるで無関係なような話し方であった。結果、「商品は大変興味深いが、今回は契約できません」と日本企業に言われてしまった。

一方、同じ条件でもう一人のDさんが通訳をしたとしよう。彼女は、目的は「商品を売ることだ」と認識した。李氏の話している北京語すべてを訳すことはできなかったし、商品の特長でさえも、九点しか訳せなかった。しかし、まるで、李氏の会社の営業担当者であるがごとくの熱弁ぶりで、意欲も伝わり、日本企業の担当者の心をつかむことができた。契約にめでたく調印である。

この二人の通訳者の場合、どちらが目的を達成したのだろうか。

Cさんのケースは、単語は置き換えることができたが、メッセージは伝わらなかった。Dさんのケースは、単語はのがしたものの、メッセージは伝わったわけだ。

販売契約を取りたいという目的を達成したのは、通訳者Dさん。今回は彼女が目的に合った仕事をした、ということになる。

私の会社、ユニカルは、通訳や翻訳の仕事もしている会社なので、誤解されるといけない。言葉を完全に置き換えることができなくてもよい、と言っているのではないし、通訳者が販売契約が取れたかどうかの全責任を負うものだと言っているのでもない。

しかし、言葉を他の言語に置き換えるだけの仕事しかしていないのであれば、それは本当の意味での通訳者や翻訳者ではない。元の言語で話をした人が何を伝えたいのか、どんな結果をもたらしたいと考えているのか、どんなメッセージを伝えたいと考えているのかをしっかり把握し、その伝達のために、その人の目的を達成するために最高の仕事をするのが通訳や翻訳の役割だと私は考えている。たまたま、そのための基本手段として、異言語に置き換えるプロセスがあったということだ。私たちが、通訳会社でも翻訳会社でもなく、コミュニケーションのコンサルティング会社だと言っているゆえんである。

あるいは、手紙の翻訳を依頼されたとする。クライアントは「この手紙を英語に翻訳お願いします」とだけ、電話で言ったとしよう。もし、「了解しました」とだけ答えて、その手紙を英訳し、提出していたら、その仕事はそれで終わりである。クライアントが、英文の手紙を、その後どうしたのかもわからない。評価さえ不明である。クレームが来ないからうまくいったのだろうと想像するしかない。

しかし、ユニカルでは必ず目的を確認する。目的を確認すると、何を基盤にして選択を重ねていったらよいのかがわかるために、最終的な満足度の高いものができるのである。「この手紙を英語に翻訳お願いします」と言われたら、「何にお使いになるのですか?」と尋ねる。その手紙の書き手と読み手との関係や、背景、この手紙を英語にした後のプロセス、この手紙を送ることでどのような反応を期待しているかなど、依頼されたときに目的を確認するのである。クライアント自身の目的が不明確な場合も多い。その場合は、クライアントと話しながら、目的を明確に定めていく。必要に応じて、内容の編集許可をいただく。
「翻訳してほしい」と提出された元の日本語の文章の構成やデータが、必ずしも、英語やその他の言語の国々で、説得力をもつものとは限らない。日本語として意味不明な場合すらある。足りない情報があればクライアントに求め、過剰な情報があれば許可を得てカットする。そんなことをしながら、クライアントの目的を達成すべく、最高の仕事をするのである。

仕事をするとき、目的が何であるか、毎回確認することは重要である。なぜなら目的とは、行動の方向性を定めるものだからである。何のための行動なのか確認すると、仕事の全体像を把握することになるのだ。そのうえ、目的を理解することは、「一緒にプラスになる」関係を築いていくのに欠かせない。誰でも、プラスになったと実感し、喜びを感じるときとは、自分の目的が達成できたときだからである。

日常生活でも、目的を明確にすることは、プラスの成果をつくるために有効である。たとえば、恋人がいるとする。その人と今度の日曜日にデートがしたい。そう思っているのに相手からはいっこうに電話が来ない。振り返ってみると、このところ毎日電話をしているのは自分の方だ。今週ももう四回もかけている。今日は金曜日。今日は電話をかけないでおこう。相手からの電話を待つことにしよう。しかし結局、金曜も土曜も電話を待ったたが、かかってこず、日曜日の当日、たまりかねて自分から電話をかけたら、相手は他の約束を入れていた、ということもあるだろう。

本当の目的は何だったのだろうか。

日曜日に二人で楽しい時間が過ごせることを実現させるのが目的だったのなら、手段はいろいろあったはずである。電話だって、どちらがかけてもよかったことになる。相手から電話をかけさせる、というのが目的だったのなら、今回デートができなくても、悔やむ必要はない。

目的が不明確だと、自分でも何を基準に選択をしていったらよいのかわからないし、毎日何百という選択をしていくうちに、迷い、脱線し、不安になることもある。

二人で楽しい時間を過ごせることが目的であれば、「私が四回、相手は〇回」と電話の回数だけを数えて採点を始めるのは、本末転倒である。私一回、彼〇回。私二回、彼〇回。そんな採点をするうちに、目的は、デートをすることではなく、一〇点満点のスコアボードで、相手と平等に点を入れていくことにすり替わってしまう。

目的というアンカーをしっかりおろしてから、目的達成のための具体的方法を選択していくと、人生の選択がスムーズにいくようになるのだ。

ちょっとした挨拶から、礼を尽くすことが始まる

お礼をしたり、挨拶をしたりということは、私たちの生活を豊かにする、基本的でかつ簡単な行動だといつも思う。朝、「おはようございます！」と大きな声で元気に声をかけてくれる相手を「嫌な奴だ」と思う人はいないだろう。ちょっと近くに寄ってきて「ありがとう」と言われれば、些細なことでも、その人に好感を持つのも自然なことだと思う。「親しき仲にも礼儀あり」とはよく言ったもので、礼が尽くされていれば人間関係はスムーズにいくし、反対に、どんなに仲がよくても、ありがとうの一言がなかっただけで、なんとなくぎくしゃくすることだってある。

最近、私の住むアパートの二階と隣りに、それぞれ家族が越してきた。ある日、空室だ

と思っている部屋の前に男性が立っているのを見た。引っ越してきた形跡もなかったからちょっと不安になって「お二階決まったんですか？　男性の方がいたようなんですが」と不動産屋さんに尋ねると「二階には新婚さんが入りますよ。でもまだ誰も住んでないはずです」との答え。でも、ほぼ毎朝、その男性とは顔を合わせた。

私の方から「おはようございます」と声をかけてみたが、軽く会釈をするものの、挨拶をしない。越してきました、とも言わない。不思議に思っていると、その人が、二週間後くらいに、女性と二人そろって挨拶に来た。二人入居してからきちんと挨拶をしようとしていたのかもしれないけれど、それなら初めて会ったときに「はじめまして、今度挨拶に伺いますが、二階に越してきた〇〇です」などと言ってくれたら不安も持たなかったのに、と思った。

一方、お隣りは、五〇代くらいの夫婦が越してきた。あるとき家に帰ってきたら、お隣りのドアが開いていた。こちらも入居が決まったのを知らなかったので、誰がドアを開けたのだろうとちょっと中を見たら、夫婦と目が合った。驚いた私は、「こんにちは」と言って通り過ぎたが、すぐに夫婦が中から飛び出してきた。「今度越してまいりました〇〇です。どうぞよろしくお願いします」。ちょっと立ち話をしてその場を去ったが、私たちがまだ自分の家のドアを開ける前に、今度はのしのついたお菓子を手に持って出てきた。

「後日きちんとご挨拶をと思いましたが、今お会いしたので、失礼かとは思いましたが……」と丁寧に挨拶をしてくれた。

私は、この二家族の挨拶の仕方から、礼を尽くすタイミングの重要性を再確認した。挨拶とかお礼には規則があるわけではない。目的は心を伝えることだし、人と人との関係の流れをよくしていく潤滑油のようなものだと思う。だとすると、会った瞬間が、挨拶のベスト・タイミングなのだ。

二階の夫婦に、もし一度も会っていなければ、二週間後の挨拶でもよかったのだと思う。でも、毎朝顔を合わせているのに挨拶をしないでいるのは、なんとなく居心地が悪かった。挨拶の意味も本末転倒のような気がしてくる。その点、もう一組の夫婦は、機を逃さず理想的な挨拶だと思った。

「人のふり見て、我がふり直せ」。私も、礼を尽くすタイミングに気をつけなければと思ったわけである。

「佐々木さんは、本当にまめですよ。すぐに手紙を書かれますから」とは、数年ほど前まで言われていたことだが、最近はうまくいかなくなった。無礼になってしまっているのである。

私は本来とても「まめ」な性格で、お礼状や挨拶状、手紙をたくさん書いていた。高校一年のときからアルバイトをしていた私は、大学を卒業し、フリーランスの通訳を始めた頃には、すでにいただいた名刺が二〇〇枚くらいになっていた。年賀状と暑中見舞はその全員に毎年、欠かさず出した。それも、すべて手書きで一枚一枚心を込めて書いた。その後も、初めて人と出会えば必ず、その翌日には、「昨日はお会いできて大変光栄でした」と手紙を書いていたのだ。

それが、出会う人が毎月、平均一〇〇人を超え、知り合った人たちが三〇〇〇人くらいを超えたとき、記憶も、手紙も、お礼状も、何もかもが追いつかなくなった。会った方に手紙を書いているだけで、一カ月が終わってしまう。とうとう「無礼」になってしまったのだ。しかし、気にはかかる。先日、中国の旅のときも、三日間で八〇名の方と直接お話をして、名刺をいただいた。お礼状を出そうと、飛行機に乗るやいなやカードを書き始めたのに、結局途中で終わってしまい、書いたお礼状すら未だに投函せずに持ち歩いている。ひどい話だ。

だから、あまり大きな声では言えないが、やはり礼儀は大切である。

忙しい私が、最低限守っていることがいくつかある。

一つは、会ったときの挨拶。ベスト・タイミングは、会った瞬間。だから、万一大変な無礼をしていてご挨拶やお礼をしていなかった気まずい方にお会いしたとき、恥ずかしがらず、「こんにちは」より先に、お礼を言う。私が守っている最低限のマナーだ。

それから、もう一つは、ハガキ。切手の心配もいらないし、短い挨拶でも出すことができるから、ハガキがいい。きちんとした挨拶ができなくて、長期間無礼をするよりよいと思い、書きやすい罫線の入ったハガキをバッグに入れて持ち歩いている。家にも、オフィスにも置いておく。そうすると、ちょっとした時間の空きに、メッセージが書けるのだ。

また、しゃれたデザインのカードを大量に買い込んである。文章が短くても、時期が遅れても、素敵なカードでメッセージを送ることができたら、少しは誠意が伝わるかな、と期待する。最近は電子メールも活用する。電子メールだと、メッセージが直接相手に送れるから、急いでいるときでも、一行でも二行でも送っておく。相手が電子メールを使っている人だったら、電子メールで、すばやくお礼をする。ありがとうございました、の一言でもとり急ぎ送れるのは便利である。

挨拶は、ギバー（与える人）の始まり。そして、基本。声に出して、文字にして、相手に自分から友好的なメッセージを与える行為そのものだと思う。

愛を込めて仕事をする

「仕事をするときに、一番大切なのは愛情だと思う」。そんなことを話したら、「仕事と愛情はまったく関係がないじゃないか」と笑われたことがある。ビジネスはビジネス。愛情とは無縁だとニューヨークで活躍するコンサルタントに言われたのだ。私も、「そうかなあ」と、反論もせずに引き下がった。しかし、その言葉は長い間私の中に異物のように存在していた。納得がいかないような、変な気持だったのだ。

それから何年か仕事をするうちに、私は確信を持つようになった。仕事にも、絶対に、愛情が大切なのだと。まるで自分のことのように、大切に仕事をし、最高の力で接すれば、クライアントにも喜んでもらえる。

愛情をもって仕事をするということは、心ある仕事をするということである。相手を思いやり、自分がしてほしいと思うことを相手にも提供する、ということである。目的がわかり、愛情があれば、どんな選択をすればよいのかは、必ずわかる。問題が起きたときも、それを乗り越えていくための熱意を持っていることになる。

たとえば、担当している仕事の提出期限があと三時間に迫っているのに、出来上がりそうにない場合、さてどうするか。

とにかくできるところまでやってみよう、というのも一つ。提出先に、今のうちに「できません」と電話をするのも一つ。上司や同僚、部下にも声をかけて、なんとしても三時間以内に仕上げるというのも一つ。もちろん、今逃げる、というのもある。選択肢は無限にある。

いくつの選択肢を瞬時に考えられるかは、経験や訓練によって違うだろうし、仕事の能力に比例すると考える。誰でも一つ二つは考えられるだろうし、訓練すればその数は増す。

たとえば、どうするのがよいか「わからずに」提出時刻まできてしまい、仕事は失敗した、という場合、本人は三時間前に自分がこうなることを「選択」したという意識がないことが多い。ましてや、山のような選択肢の中から、自分が選んだ結果であるという認識はもっていないことが多い。

「仕事」や「プロ」という表現をすると、相手に対して冷たい態度をとることだと錯覚する人もいるようだ。しかし、仕事をしている相手は、自分と同じ人間である。どの仕事をしているときも、仕事という作品を通じて、人と人が触れ合っているのだということを、もう一度、ここで認識したいと思う。

私も、迷ったことがある。初めて部下を意識したとき、どのように話をするのがよいのかわからなくなった。親切に話したら威厳がなくなるのではないかと不安に思ったり、怖そうに話す必要もないし、と言葉に詰まったりもした。確かに、プロであることが必ずしも、あたたかいだけかというと、もちろんそうではない。プロの仕事というのは、心はあたたかく、思いやりをもって、頭は、論理的にビジネスのラインを守っているということではないだろうか。

だからこそ私は「愛を込めて仕事をする」をモットーとしている。

クライアントが欲している目的を理解できたら、その相手の気持になって考えてみる。いつ、どんな電話連絡を入れておいたらクライアントが安心するのか、どのような報告をしたら喜ぶのかは、マニュアルがなくても、想像できる。

あるとき、若い男性が一緒に仕事をしたいと私の会社に飛び込んできた。非常に優秀で、頭もきれるし、能力もある。知識も豊かだし、やる気も満々だ。とても前向きである。でも、彼は大手企業の中での取り引きの現場に立ち会うことが多かったらしく、仕事の仕方は、まず金額だった。相手からより多くのお金を取ることが、最大限の目的になっていた。確かに仕事には経済的な実益は必要不可欠である。しかし、それだけだと一度限りの仕事になってしまうのだ。

仕事で重要なことは、継続性である。一度限りの付き合いは簡単なことだが、信頼を築きながら仕事を継続させ、発展させていけるかどうかは、関わっている人次第である。クライアントとの人間関係が成り立っていて、初めて、継続していくのである。

お互いに成長していく関係を築くためにも、私は愛情が大切だと思っている。愛情があるからこそ、ギブ&ギブンの気持になれるのだし、相手の目的達成にとってプラスになる選択をすることができるのだから。

できると信じて実現させることがコミットメント

一九九六年秋、八年ぶりに三回目の中国を訪れた。私の会社、ユニカルインターナショナルでは北京にスタッフのIさんがいる。ユニカルが組織する、バイリンガル、マルチリンガルの人たちのネットワーク、リンガプラスネットワークのメンバーは、中国語関連のスタッフ七〇人以上を含めて、総計二〇〇〇人はほとんどが日本在住。しかし、Iさんは特別。中国語圏に一二年以上住んでいて、今も子育てしながら北京で生活する、中国文化を熟知したベテランの通訳者である。

彼女から、ここ一、二年、「佐々木さん、中国はどんどん変わっているから、とにかくもう一度見に来てください」と誘われていた。Iさんがすべてをアレンジするというので、短い出張に出た。予定は、三日間。北京に着いて、人に会い、町を見て、夜は「北京で働く日本人女性の会」で講演。その後、上海に移動して、「上海で働く日本人女性の会」で講演、というスケジュールとなった。上海からは、成田でトランジットをして、そのままニューヨークに飛ぶという強行日程。大学で中国語を勉強したこともあり、中国社会の変化に興味があったが、なにより、彼女がアレンジしてくれた、二つの会に惹かれた。「北京で働く日本人女性の会」も、「上海で働く日本人女性の会」も、自分の仕事のために中国に赴任している女性たちばかりの会だという。基本的に独身女性ばかり。前者の会の出席予定は七〇人弱、後者の会が八〇人前後だった。

ところで、そのタイトスケジュールで動いているさなか、ハプニングが起こった。北京で講演して上海に移動して、そのまま「上海で働く日本人女性の会」の会場に直行する予定だった。しかし北京の空港に着くと、フライト四〇分前にもかかわらず、すでにチェックインが終了していたのだ。Iさんは抗議のため、大声でカウンターで話している。この中国で、お手伝いの女性たちや役所との駆け引きで、相当の交渉力を身につけてきたのは以前から聞いていた。交渉上手でタフな彼女だから任せておこうと、私はただスーツケースを守りながら、立つ場所もないほど混雑した北京空港のカウンター前で一人待つことにした。でも、何分たっても、どうにもならない。さすがのIさんも苛立っている。「もう！　信じられない！　キャンセル待ちだった人にどんどん席を渡していっぱいになったらしいのよ、やんなっちゃう。あっちのカウンターで三時間後の飛行機のチケットに取り替えろって！」。そういっても、それじゃ、上海の講演会に間に合わない。講演会には、なんとしてでも絶対に出席したい。でも、悲しいかな私は中国語もできないし、スーツケースを見守るしかない。

「わかった。待ってるから、よろしくね。きっと大丈夫よ。絶対飛べるはずよ」とわけもなく励まし、また私は一人で待つことにした。どのカウンターにも、キャンセルされてしまった客が殺到していてパニック状態。ガラス越しの小さなカウンターのどの窓口にもそれぞれ三〇人ほどの人が、倒れんばかりに押し寄せて、上海行きのチケットを差し出し、今日次のフライトに乗せろと騒いでいる。彼女が帰ってきた。「信じられない。今度は、今日の便はキャンセル待ちも含めて全部いっぱいで、次の上海行きは三日後ですって」「え？　三日後にはニューヨークにいる予定だから困るわ。フライトも上海発だし……」「でも、三日後でも買っておいた方がいいと思う。今日は絶対だめそう」

彼女の言葉に、さすがの私もだんだん心配になってきた。さっき聞いた三時間後のフライトの方がまだよかったということになる。今となっては私たちが乗るはずのフライトの次の一時間半後のフライトも、三時間後のフライトもどれもだめだと言う。なんとかしなくては。私も片言の中国語でまわりの人に尋ねてみた。が、答えは同じ。皆、上海に行きたいのに、三日後しかないと言われて怒っている人たちだ。

そこで、ちょっと、窓口から下がって、周りを見渡してみた。私は、混乱に巻き込まれるといたって冷静になる性質がある。こんなに混乱している空港だし、システムも機能していない。秩序がないということになると、交渉の腕次第ということになる。混乱の際は冷静に観察することから解決策が生まれるものだ。それに、なにより重要なのは、絶対に可能であると自分が信じ、それを成し遂げるための腹の据わった強い意志＝コミットメントを持つことだ。私は絶対に、今夜上海に行きたい。必ず上海へ行ける、私はそう思って、よく見渡してみた。

一番右のカウンターの女性の所には誰もいない。時々外国人が尋ねている。もしかすると、その女性は英語を話すのかもしれない。そう思って、二人分のスーツケースを引っ張りながら、やっとの思いで一番右のカウンターに辿《たど》り着いた。

「あのう、出発四〇分前に来ていたのに、飛行機に乗れなかったのです。今夜上海で私は講演をしなくてはならないので、人が待っています。どうしても行かなくてはなりません、何か方法はないでしょうか？」と丁寧に聞いてみた。すると彼女は冷たく「〇番と〇番の窓口で上海行きの航空券はキャンセル待ちがあるはずだから行ってください」と一言。

「〇番と〇番ですね？」。すでにさっきまでいた窓口だとわかっていたが、彼女に「サンキュー」と微笑んで、また、大荷物を引きずりながら、窓口まで行き、窓口の人に話しかけてみた。大勢殺到しているのに、英語で話しかけると係員も耳を傾けてくれる。何もわからない外国人だからだろうか、一応私の差し出すチケットも手に取って見てくれる。でも、だめ。「スリーデイズ」と一言。やはり、三日後までフライトはないらしい。また、荷物を引きずり、先ほどのカウンターの女性の所に戻る。中国とニューヨークの旅だから、私のスーツケースは大きい。空港の端から端までやっとのことで歩く。

「あのう……。あなたの指示どおり〇番と〇番とで聞いたんですが、今日のスタンバイはないそうで、三日後だと言われました。何とかならないでしょうか？」。今度は「〇番へ行け」という。同じようにしたが答えは同じ。

　こんなことを何回か繰り返していたら、彼女が「あれ？　一枚チケットがあったわ」とコンピュータ画面を見ながら私に声をかけてきた。「ワンパーソン？」と聞いてきたから、すぐに、「いや、二人だ」と答えた。やっぱりどこかにチケットがあるのだ。三日後まで誰一人飛べないなんてことがあるはずがない。

「ノー、ツーパーソン。ありますか？」と聞いてみる。彼女はコンピュータを見ながら、

「あら、ヘンね、すごい。二人分のチケットがあったわ」。本当に変な話だが、そんなこと

はどうでもよい。お礼を言って、私は別のカウンターで交渉中だったIさんを呼んできた。彼女は「すごい！　どうやったの？」と狐につままれたような顔で私についてきた。

三時間後のチケットを手にして、私たちはやっと落ち着いた。今夜の講演には間に合わないけれど、終了時間には駆け付けられるから、挨拶くらいはできるかしら。彼女はさっそく上海に電話をしに行った。ベンチに腰掛けて一息ついているとIさんが中国茶を買って戻ってきた。「乾杯！　やった！」。ほっと一息。時計を見ると、約一時間の出来事だった。

「ねえ」私が言った。どうしても、講演に間に合わせたいと強く思っていたからだ。「あと二〇分で出る便もあるって言ってたよね。こんな状態なら、チェックインカウンターに行けば、もしかすると乗れるかもよ。だって、私たちのフライトだって、そういう人たちに席取られちゃったんでしょ？」。お茶も飲み終わらないうちに、また、大荷物を引きずって、チェックインカウンターのところに行くことになった。

案の定、数人の人が次のフライトのチケットを差し出して、このフライトに変えてくれと嘆願している。数十分前に私が片言の中国語で話し掛けたおばさんもいた。彼女もうまく、チケットを手に入れたらしい。さて、ここでも私が交渉をしようと考えた。私は再度Iさんに、「ここは私に任せてね」と言って、二人分のチケットをもってチェックインカウンターに歩み寄った。「エックスキューズミー」。目の前の女性が、あいている座席番号のついたボーディングパスを数枚握っている。気に入った人に渡している、という感じだ。私のチケットをちらっと見たが、手を出してくれない。そこで、もう一度、今度はちょっと遠くにいる男性職員の方に向かって「エックスキューズミー」。彼は、こちらに歩いてきてすぐに私の差し出すチケットを手に取った。そして、ボーディングパスをくれたのだ！　やった！　あと一五分で出発！　講演に間に合う！

「絶対に飛べると信じていたから」と、私はIさんに言って笑った。

そういえば、今まで三〇カ国以上旅をしてきているが、空港での交渉で困ったことはなかった。「コミットメント」とは、何が何でもやるぞという、腹の据わった心構え。絶対にできると信じていると、方法はいくらでも考えられるし、結果がついてくるというものだ。

自分の「心の言葉」に耳を傾ける
——コミュニケーションの発想

肯定文で話して、成功のイメージをつくる

前向きな発想を持つようになった私は、それを行動に結びつけていく方法を身につけたいと考えた。私は、言葉に関係する仕事をしているせいか、自分を訓練する方法として、使う単語を重要な鍵としてとらえている。

たとえば、「銀座の交差点にピンクのキリンが立っているなんて、絶対に想像しないでください」。そう言われたら、何を思い浮かべるだろうか？　多分、一瞬、銀座の交差点に首の長いピンク色のキリンが信号待ちしている姿を想像しているのではないだろうか？

人間の脳は、本当に優秀だと感心する。本人の意識にかかわらず、聞いたことや、自分で口に出した言葉を、そのまますぐに分析して、イメージを描いている。

こうはなりたくない、とか、これをするのはやめよう、と心に誓って「～しないぞ！」と口にすると、脳は、言葉にした単語を映像化して、理解しようとする。たとえば、「階段から落ちないようにしよう！」と思って歩いているときに頭いっぱいに描いているシーンは、階段から落ちて尻もちをついている自分の姿だったりする、ということだ。

「失敗しないようにしよう」と考えると、脳の中でイメージがつくられる鍵となる言葉は「失敗」。「タバコをやめるぞ！」と心に誓っても、タバコという言葉を言いつづけるかぎりタバコが頭から離れない。ちょっと不自然に感じるかもしれないが「飴をなめるぞ」と、タバコの代わりに口にするものを具体的に言いつづけた方が、きっとタバコは早くやめられるだろう。

自分が日頃口にしている約束ごとやものごとの説明の仕方が、肯定文なのか、否定文なのか、耳を澄まして聞きつづける訓練をすると、自分の無意識レベルの状態を確認できる。言葉を変えることで、意識をシフトさせることができる。そう信じているから、私は肯定文だけで話をするように試みている。すべてが肯定文では不自然なこともある。しかし、少し不自然でも、言葉の選択に注意を払っていたら、次第に自分の意識変化にも気がつくようになった。効果があるのだ。

「明日の重要な会議には、絶対に遅刻しませんから」と言っている人の中にも遅刻する人は多い。だから私は、「明日の重要な会議には、三〇分前に来ていますね」と口にする。頭の中に描くシーンを、「遅刻」から「三〇分前に自分がオフィスに着いて、余裕をもって会議に出席している姿」にすると、実際の具体的行動に結びつけやすいからだ。

同じように、否定文の仲間であるために私が使わないようにしている言葉に、「〜ねばならない」「〜するべきだ」がある。この言葉は、自分の行動が主体的なものなのかを確認するのに役立つ。

「明日までに、〇〇しなければならないから」と口をついて出たときに、私は、立ち止まって考えてみるようにしている。私の選択で明日までにやり遂げようと考えているのか、自分ではやる気になっていないのに、誰かにやらされているという被害者意識を感じているのか、と。

行動も言葉も、私が選択しているのだから、「〜ねばならない」と言ったということは、たとえ無意識のレベルであっても、自分のやる気のなさを表現していることになる。いややっている、ということを意味しているからだ。その場合は、「明日までに〇〇します」とすぐに言い換えて、意識と行動をシフトさせている。

時に、「いやだなあ、間に合わないかもしれないなあ」という気持を自分で認識したうえで意識的に、「明日までに、〇〇しなければならないから」と言うこともある。やるという選択をまだしていないことを、自分で再認識して、ちょっと楽しんでいる、ということになる。ちょっぴりサディスティックな行為かもしれない。

「べき」という単語も、同様だ。「女なんだから夕食くらいつくるべきだ」というのは、典型的な文章であるが、この文章自体にはなんの強制力もない。女性が夕食をつくるということは、決まりごとではないし、必ず守られなければならないルールでもない。まして、女性だからつくる、という因果関係は存在しない。

もちろん、「つくるべきだ」と考えて主張するのも自由である。発言をした人が育ってきた環境では、もしかすると、夕食をつくるのはいつも女性だったのかもしれない。しかし、そうでない家庭も山ほどある。「常識」も「一般」もないのだから、個人的な意見だと認識して発言をすると、誰でもが聞き入れやすい。「私は、女性に是非夕食をつくって欲しいと思っている」と言えば、多分、会話が成立するだろうし、どうしても「べき」を使いたいときは、「女は夕食くらいつくるべきだ、と私は考えるがどうだろうか」と言えば、常識という錯覚をふりかざすのではなく、個人の意見を述べていることになるので、話がしやすくなる。

とにかく、自分の話すことをじっくり聴く。自分を見直すとき、一番大切なのは、立ち止まってよく観察することだ。だから、とにかく、よく耳を澄まして自分の言葉を聴いている。どんな単語を選んでいるのか、どんな文章を話しているのか。自分の潜在意識が言葉となって表われていることを意識して、言葉に耳を傾けるようにしている。単語を無意識に選択するのでなく、意識的に選択して、言葉の改革をすることで、自分の意識や行動を改革するようにしているのだ。

行動も、言葉も、表情も、私たちは自分で選択している。選択は一瞬ごとにできるし、選択し直せる。今の自分の状態は、今までの自分の選択の結果であり、これからの自分は、今からの自分の選択の結果である。人生が、日々の生活の中での自分の選択の積み重ねでつくられるのなら、今からでも、多くのプラスの変化をつくることができるのだ。

タクシーで、発声練習と話し方の練習をしています

表現したいことを相手に一度で明確に伝えることができたら、ギブ&ギブンの人間関係をつくりやすい環境となるだろう。どうしたら説得力のある話し方ができるのか。どうしたら、わかりやすい、伝わる話し方ができるのだろうか。

コミュニケーションというのは、実際に話している単語の選択以外の要素が約九三%を占めているとも言われる。たとえば、相手の姿、動き、声のトーン、速さ、表情、場所、時間などいろいろな要素だ。その中の、声と文章構成について、リポーターの仕事を通じて大変学ぶことがあった。

声について。「ニューステーション」のリポーターに採用されたとき、皆、一〇時間

のアナウンス訓練を受けているということで、恵比寿《えびす》にあるアナウンス養成学校にて個人レッスンを受けることになった。声は、お腹の底から身体中に響くように出るのが、「通る良い声」とされているのだが、私の場合は、それがあまりうまくできない。レストランなどのがやがやしたところでは、テーブル越しに相手と会話をするのも一苦労。一時間も話をすると、のどが痛くなって、声が出なくなったりしていた。腹式呼吸ができていない証拠だ。

学校で、腹式呼吸、発生、言葉を明確に発音するための滑舌《かつぜつ》の練習など、「あ・え・い・う・え・お・あ・お」と大きな声で練習した。その直後は効果があった。電話をかけても、友達が私だと認識してくれないくらい声が変わっていたのだ。しかしすぐに逆戻り。少しずつ進歩しているが、私の声は、未だに響かない。

お腹の底から出ている深い声だと、日常生活でも、話に説得力が感じられる。たとえば、低くて響く声の持ち主は、リーダーとして人の心を引きつけやすい。低くて響く声の上司が厳しいことを口にしても、ほとんどの人が素直に受け取ることができたりする。一方で、甲高い声だったり、きんきんした声だと、優しい言葉をかけても、心が通じにくかったりする。

声で人生が変わる、それに声は訓練で変わる、と信じていろいろ練習しているが、なかなか自宅ではできずに苦労してきた。寝転がって新聞を読むなど、毎日できそうな訓練方法もあるが、基本は大きな声を出すこと。だから家では難しい。以前、「ニューステーション」で一緒だった頃は小宮悦子さんに教えてもらったり、その後は知人から紹介された有名ボイストレーナーに通ったりと、訓練の機会はつくってきた。それでも、なかなか続かない。最近は仲よくしている元アナウンサーの女性がコーチになってくれて、カラオケボックスに朝集合して、歌わずに、約二時間、声の響かせ方、発声練習をしたりもした。

その練習も、毎日はできない。そこで、自分の発生や滑舌がうまくいっているかどうか、表現の仕方が伝わりやすいかどうかを、仕事の電話や、留守番電話に残すメッセージや、社内での会話や、タクシーなどで試すことにしたのだ。

タクシーの場合は、運転手さんに行き先を告げる機会を利用する。私の声が通らないので、行き先を言ったときに、身体を傾ける運転手さんが多かった。そこで私は自分の身体を乗り出さずに、後ろの方から一度目的地を言うだけで運転手さんに通じるかどうか、というささやかな挑戦をするのである。

運転手さんが「え?」と身体を傾けたら、失格。声が小さくて聞こえなかったということだ。目的地も、一回の説明で理解され、記憶に正しく残るように、工夫して話す。だから、聞き返されず、運転手さんの身体が動かず、そして、希望の場所に着けば合格。時に、

「わかりやすいねえ」とほめてくれる運転手さんもいる。花丸である。

わかりやすい、という要素には声以外に、文章の構成が大きな意味を持つ。どのように言葉を並べるか。言いたいことをどのような順序で語るか、ということである。私の場合、タクシーに乗ったら、たとえば、まず「大手町の方までお願いします」など、ドアがしまる前にだいたいの方向を伝える。運転手さんの頭で、だいたいの方向を描いて欲しいからだ。そして、ドアがしまった後「○○通りを真っ直ぐ行って……」と具体的に目的地を告げるのだ。

ニュース番組を見ていると、伝え方の勉強になる。たとえば、「ニュースステーション」の場合、「日米○○交渉が終わりました」などと久米さんが言う。まず、ニュースの骨子を述べるのだ。そして、その後、「今日、アメリカ、ワシントンのホワイトハウスで開かれた……」と、小宮さんがくわしく内容を述べる。最初のまとめが、リード（要点）、と呼ばれ、後のくわしい情報が本文、と呼ばれる。私たちの日常の会話も、このリードと本文の二部構成で話すと伝わりやすいし、効率がよいわけだ。

どこかに問い合わせの電話をかけて、さんざん説明をしたつもりでいたら、最後の方で交換手の人に「担当者にかわります」などと言われたことがあれば、話し方の順番が悪かったことになる。

職場でもそうだ。会社で上司に報告をする場合「よいご報告です。昨日発表したプレスリリースに対しての問い合わせがたくさん来ています」などと、まずこれから何を話すのかを、まとめたリードで話す。概略であり、骨子であり、結論である。その後で、「実は、昨日、一〇〇機関にプレスリリースを送ったんですが……」とすれば、忙しい上司は、聞きながら頭の準備ができる。

一方「ちょっと二、三分いただけますか？　実は、先週クライアントのT氏から連絡がありまして、昨年の仕事と同じ方法で業務をしてほしいと依頼されまして、手配をしていたのですが、その際に送った手紙のことで、また昨日電話がありまして……」。こう話されると、聞いている方は「結局何が問題なのか？」と質問をすることになる。発生した順に話されているだけだと、ストーリーがどんなふうに展開するのかわからないから、どの部分に焦点を当てて聞いていたらよいのかわからない。極端なケースは、報告なのか、解決策を相談しようとしているのかさえもわからない。

「ちょっとご相談したいことがあるのですが。二、三分いただけますか？　実は、クライアントのT氏の要求が厳しくて、どう対応すべきかお知恵をかりたいのです」と骨子を述べてから、「実は先週……」と説明するとか、「すでに解決しましたが、ちょっとご報告です」と言ってから、「実は、クライアントのT氏の要求が厳しくて対応がスムーズでなかったのですが……」であれば、聞き手は、話のポイントをつかみやすいのである。

単語の選択だけでなく、その他の要素も大切なのだ。まず要点を話し、その後に5W1H、つまり、いつ、どこで、誰が、なぜ、何を、どんなふうにしたのかのポイントで話をつなげる訓練をすると、伝達能力は、グンと上がるのだと思う。

顔の訓練で、心のマネジメントをする

自分の潜在意識を知る、ということは、自分の人生がどうしてこうなっているのかを理解することになるし、相手にどのようなメッセージが伝わっているのかを知るのにも役立つ。潜在意識というと奥深く隠れているような印象を持つが、意識はしていなくても言葉以外にいろいろな形で、潜在意識は表に現れている。

コミュニケーションの約九三％が、ノン・バーバル・コミュニケーション、つまり言葉以外のコミュニケーションによって成り立っている。となるとその一つであるボディーランゲージは、いかに重要かがわかる。

ボディーランゲージというと、外国人が話すときに派手に手を動かす身体の動きを指し

ているのと考える人が多いと思うが、それだけではない。ボディーランゲージには、身体のすべての要素が含まれる。たとえば、話をするときの表情、立っている場所、服装、身体の動き、などである。身体の動きには、動かすことでのメッセージがあるのと同時に、動かさないことでのメッセージも存在している。両手を大きく動かして話をしている人の動きにメッセージがあれば、直立不動で話をしている人の身体が伝えるメッセージもあるということだ。誰にでも、いつでも、ボディーランゲージは存在している。このボディーランゲージこそが、潜在意識の現れだと考える。

たとえば、「この前のことでお話ししたいのですが」と話し始めた部下を見ると、歯を食いしばっていたとしよう。頬に力が入っているのが一目でわかる。手を見ると、ぎゅっと握り締めている。怒っているのだ。怒っていると本人が言わなくても、もしかすると笑顔を装っていても、怒りのメッセージはボディーランゲージから伝わってくる。

また、「何でも教えてあげるよ。ちょっと、さっきの件きちんと説明してごらんなさい」と言うので上司を見ると、腕も足も組んでいる。教えてあげる、というのは本心ではない。「さあ、来い。話してみろ。おまえの言うことにはだまされないぞ」という闘いのポーズである。

コミュニケーションの世界に、「身体を開く」という表現がある。自分に素直になり、相手を受け入れるための開放されたポーズ、ということだ。両腕をだらりとまっすぐに肩から下げ、手のひらは開き、足も組まずにいる状態だ。顔の緊張も解く。眉間《みけん》のしわはのばす。歯を食いしばらずに頬をリラックス。

私は、緊張や怒りを感じたときに、自分の身体の動きを見る。たいてい、手を握ったり、顔がこわばったりしている。そんなときには、頭で怒りを鎮めようとするより先に、まずは、身体を開く。手のひらを開いて、深呼吸をして、顔の緊張を解いて、深呼吸。すると、すーっと気持がおさまったりする。

身体を開いて人と話をすると、相手は、潜在意識の中で、自分が受け入れられていることを認識して、正直な話をしてくれることもある。反対に、相手が万一怒っている場合でも、こちらが身体を開いて聞いていると、相手の怒りのエネルギーが私の身体に溜まらずに、通り抜けていくという体験もある。

このような、身体のもつメッセージは、一時的なだけではなく、癖となって体型に現れることもしばしば。いつもいつも緊張をしている人は、頬に力が入り、肩もちょっとすくんだような位置で堅くなっていたりしている。ストレスなどから片方の肩が上がっている場合もある。身体が自然体でいられなくなっているという現象である。

身体というと忘れがちなのが、顔。顔も、メッセージを伝える大きな役割をもっている。

自分の顔に責任をもてとは、よく言われる言葉だ。人と出会ったときにまず最初に見るのが顔だから、顔つきからさまざまなメッセージが相手に伝わっていると考えても不自然ではない。

三〇歳も過ぎたら、たしかに顔つきにその人の生き方が現れてくる。周りの人をいたわっている顔、愛情溢れる顔、自信溢れる顔、幸せな顔、不満ばかりの顔、あきらめの顔、怒っている顔……。

しかし、私が顔つきがとても大切だと考える理由は、顔がその人の過去を映しだしている結果だからではない。今から毎日訓練すると、どんな顔にでもなる、変化する「使える道具」だからである。そのうえ、表情を変える訓練をすることで、心のマネジメント、つまり心のあり方を自分の意志で調整して動かしていかれるようになるのだ。

高校大学時代、家が小さかったから感情のやり場に困った。友達に悩みを聞いて欲しくて電話をかければ、私の声は家族につつぬけだったし、家族一人ひとりの精神状態も手に取るように感じとれる距離で生活していた。うれしいことならいいが、苦しいことや、悲しいことがあったときには、それを知られたくないがために、自分自身の気持をすばやく切り替えて、家族と協調できるようにと心を平常心に戻す訓練をしたものだ。

そんな私が頼りにしていたメンタルトレーニング（精神的な訓練）の道具は、鏡だった。

机の上に鏡を置いて、勉強をしているとき、日記を書いているとき、ボーッとしているとき、いつでもチラチラ見ることができるようにしていた。

トレーニングというと運動選手がよりよい身体づくりをするために、走ったり、腕立て伏せをしたりと毎日各種の練習をする姿を思いだすかもしれないが、精神や心のあり方も毎日の練習でいかようにも育つと思う。私の場合は、悲しいことがあったとき、悔しいことがあったとき、自分の気持を切り替える、シフトさせるための道具として鏡を活用した。電気のスイッチをオンからオフに切り替えるように、私たちの頭も、瞬時に切り替えることができる。気持を切り替えるために、まず表情を切り替えて、徐々に感情を動かしていった。

悲しい出来事が起きたとき、まず、心にずしんとしみる。その直後に、頭で「悲しい出来事だ、私は悲しい」と理解するのだと思う。だから、気持をシフトさせたいときには、反対にまず表情を変える。鏡に悲しそうな顔が映っていたら、ちょっと微笑んで、顔つきから変えて、「悲しいのはもう終わり。楽しくやろう」と考える。すると心が、頭からのメッセージを受けて次第に変化していくのだ。怖い顔になっていたら、深呼吸をして、体内の怒りのエネルギーを外に出してから、鏡を見ながらやさしい顔をしてみる。同じことである。

リラクゼーションの音楽を聴いたり、鳥のさえずりを聴いたり、アロマテラピーで部屋中がいい香りになったときに起こる気持のシフトと似ているのかもしれない。耳で聴いて心をシフトさせる代わりに、鏡を見て表情を変えると、頭が切り替わり、心のシフトにつながる。

自分の顔は、自分では見えないが、他人は毎日見ているのである。自分の顔や身体がどのような潜在的なメッセージを発信しているのかを把握して、身体や顔つきを訓練することが、自分の感情や表現方法、時にその結果にも大きく影響する。もしかすると顔のマネジメントは、心のマネジメントだけでなく、周りの人に対する礼儀なのかもしれない。仕事机の上に鏡を置いてみたら、どうだろうか。

プリゼンテーションで、相手へ最高のメッセージを送る

自分が、どんなふうに人の目に映っているのかは、多かれ少なかれ、誰でも気になるところだと思う。私などは中学の頃、朝、寝癖のついた髪の毛が気に入らず、一生懸命髪をぬらしてとかしたのを覚えている。大学のときは、毎日つけていたイヤリングをつけ忘れて電車に乗っただけで、とても恥ずかしいと感じたのを覚えている。周りの人が、私がイヤリングをつけていないから変な女性だと思っているに違いない、などと考えたのだ。

髪が乱れていると恥ずかしいとか、イヤリングを忘れたからきっと変だろうと考えているとき、意識の焦点にあったのは「私」である。自分がどんなふうに見られているのか、と心配しているとき、周りの人のことは考えてはいない。

プリゼンテーションという言葉を耳にすることがあるが、この言葉は、決して自分がどう見られているかを意味するものではない。プリゼンテーションとは、贈り物をするという意味の「プレゼント」という単語と同じグループである。提供する、見せるという意味を持っている。だから、考え方や企画をプリゼンテーションするということは、自分の考えを相手に見せ、提供することだし、自分自身のプリゼンテーションといえば、自分という人間を相手にどのように提供し、紹介していくかということになる。自分の気持を相手がどう感じ取るだろうか、相手にどんなメッセージを受け取って欲しいのかと意識を外に向けて考えることなのだ。

私が、プリゼンテーションを意識させられたのは、通訳についたセミナーの講師、ダーシー・ニールさんからだった。二四、五歳の時、このアメリカ女性の通訳をしていたのだが、彼女に通訳の腕を大変高く評価してもらったのがきっかけだった。私が、人の心の細かいところまで読み取ってうまく言葉で表現でき、彼女のトレーニングに貢献していると いう評価をもらい、通訳者としてではなく彼女の代わりに、トレーニングを一人でしたらどうかと推薦を受けたのである。ある日彼女が「新しい仕事について、水曜日の一一時に採用の打ち合わせをしましょうね」と言ってにこやかに私の肩をたたいた。私は「サンキュー」と答えた。

当日、私は時間になって、彼女のオフィスに入っていった。座りなさい、と言われて座った瞬間、彼女が怖い顔をして私に言ったのだ。「今日を何の日だと思っているの。あなたの格好は何？　上級の職に採用されようというのに、どういうこと？　今、あなたは自分の最高のプリゼンテーションでここに座っているのですか？　帰りなさい。面接は、明日やり直します」。

私は戸惑った。何が悪かったのだろう。今まで二年間、彼女と仕事をしてきても、一度もそんなことを言われたことがなかったのに。

彼女の言った「自分の最高のプリゼンテーション」とはどんなものなのか考えた。私が着ていたのは、気に入っていた黒とワインレッドの混ざった薄手のシャツ。たしかに、彼女への印象を考えて選んだものではなく、私が気に入っていた着心地のよい服だった。新しい仕事を紹介してもらうことについても心構えがなかった。そんなに重要な職につくという意識も持っていなかったのかもしれない。その上、初めて会う人でなく、毎日顔を合わせている相手だということで、気を抜いていたのかもしれない。

よく考えて、翌日私は、自分を評価してくれた上司に敬意を表して、髪をまとめ、スーツを着て、背筋をのばして、堂々と彼女のオフィスに入った。もちろん、彼女は微笑み、私は新しい仕事を獲得した。私の意欲が伝わった、ということだ。

プリゼンテーションは、無意識のレベルで相手に送っている総合的なメッセージでもある。スーツを着るのがよいプリゼンテーションというわけではない。「相手にどう感じさせるか」なのである。「相手」が主役なのだ。

だから、服装だけでなく、企画書などの場合も同じである。企画書を読む人が、読んだときにどんな気持になるのかは、とても重要である。企画の内容に加えて、企画内容の表現の仕方、見せ方、話し方が読み手にやさしいものかどうか、ということだ。

相手はこちらを見ただけで、多くのメッセージを受け取っている。企画書の場合も、見ただけで、多くのメッセージを受け取っているということになる。相手にどのようなメッセージを送りたいかを考えていくことは、プリゼンテーションの上達につながる、ようするに、コミュニケーションの秘訣なのである。

相手に焦点を当てて行動をする、ということは、まさにギブ&ギブンの発想だし、目的を明確にすることにもなる。相手のためのプリゼンテーションをすると、自分の状態に留まらず、相手に合わせて気持をシフトさせることができる。たとえば、どんよりした曇りの日で寝不足の朝、誰にも会わないなら楽な服を着たいところだ。でも会う人がいるのなら、その相手のためにと、シャキッと黄色のスーツを着ることもある。だらけていた自分の気持をシフトさせて元気になったなどということはよくあるのだ。

プリゼンテーションを追求していくと、相手へのメッセージを送るために、自分を向上させることになる。プリゼンテーションを極めることは、自分からの最高のメッセージを送ることになるのだ。

カメレオン・コミュニケーション

ウッディー・アレンの映画で以前「カメレオンマン」というのがあった。相手と話をしているうちに、相手と同じ外見になってしまうというストーリーだったのが印象に残っている。太った人と話をしていると太ってくる。肌の色が違う人と話していると、自分も相手の肌の色に変わる……というシーンがあったと思う。

私はまさにカメレオンウーマン。外見こそ変わらないが、相手と同じ話し方になってしまう。

通訳をしていた頃、先に書いたダーシー・ニールさんとは、はじめの数回仕事をした時点で気が合うことがわかった。仕事の合間にも、いろいろな話をして長く一緒にいたからなのか、気が合い、彼女の考え方が、次第に私にもわかるようになってきた。台本のないセミナーで、彼女が数十人の人たちを相手にトレーニングをしていく。質問が出ればそれに答えるし、必要であれば、内容を変更して、そのグループに合ったトレーニングに変えていく。まさに、天才的な能力だった。だが、筋書きがない。原稿もない。通訳の私は、彼女の隣にぴったりくっついて同時通訳をしていく。彼女の横に立って、彼女がしゃべりだすと、それを聞きながらその場で日本語にしていく。彼女の声とあまり重ならないように、でも同じリズムとテンポで、まるで彼女が話しているように、同じ声の大きさで、同じような抑揚で、同じ身振りで、話す。なんだか、通訳というより、分身になった気持で仕事をしていた。そんなことを続けるうちに、あるときから彼女が立ち上がった瞬間に何を話すのかがわかる体験をするようになった。彼女が、突然立ち上がって、何かを話しだすこともあったが、彼女が口を開く前に、言いたいことがわかるようになった。通訳としてはしめたものである。私の最初のカメレオン体験である。もちろん、そんなときの通訳は、最高にうまくいく。訳しているというより、自分の言葉で伝えることができるからだ。

カメレオン・コミュニケーションは、通訳だけでなく、日常の生活でも仕事でも役に立つ。たとえば、子供との会話。子供が話すのと同じように、話す。子供の気持と理解力にのっとって、言葉を一つ一つ選び、発音の仕方やテンポに気を配って話す。しゃがんで、子供の目の高さで、はっきりと、ゆっくり話すことで、子供は理解する。そんなふうに話してくれる大人を、子供たちは、好きになる。

職場では、電話。相手と同じリズムで会話をする。相手が見えないから、声しかコミュニケーションの手段がない。相手の言葉の速さ、単語の選択の基準、間の取り方、話し方の癖などをとらえて、同じように話す。たとえば、「お元気でいらっしゃいますか。大変お忙しいかと思いますが……」と話しかけてくる人には、私も、「お気をつかっていただいて本当に恐縮です。私のスケジュールは……」と同じように返事をする。「元気？　最近、忙しい？」などと話しかけてくる人には、「そんなことないですよ。お元気でした？」と返事をするわけだ。

年配の方がゆっくり話されたら同じ速度で話す。若い人が公衆電話から早口でかけてくれば、早口で答える。当然のことのように思えるけれど、どれも、自分の話し方をいつも同じにするのではなく、相手に合わせていると、コミュニケーションはうまくいく。

電話以外でも同様だ。手紙をいただけば、返事は手紙を書く。ハガキをいただけば、ハガキを書く。縦書きなら、縦書きで、ボールペンで書いてあれば、ボールペンで、和紙なら、和紙で返事を書く。電子メールなら電子メールで返事を書く。達筆の手紙走り書きのメモが入っていたら、同じような感じに短いメッセージを返す。

をいただけば、うまくはないが、何度も書き直して、丁寧に書く。

相手の人が私に送ってくれたメッセージを同じ形でお返しする。それが、私のカメレオン・コミュニケーションの方法なのである。

コミュニケーションという言葉は、「共通」という意味のコモン（Common）という単語からできている。自分から発信するだけではなくて、相手と情報を共有するというのが、コミュニケーションの本来の意味だ。情報の一方通行なら誰にでもできる。双方向で、思いやりや情報を送り合い、相手と共有できる環境をつくっていくことが、上手にコミュニケーションをとる基本条件なのではないだろうか。そして、コミュニケーションがスムーズにいくと、知識も知恵も膨らんでいくのだと思う。

安心スポットで心が開く

私は「タッチャー」触れる人、と呼ばれたことがある。今ではNHKラジオの「やさしいビジネス英語」ですっかり有名になったダーシー・アンダーソンさんにだ（ダーシーという人に縁があるのだ）。彼女とは、もう、九年近く一緒に仕事をしたり、個人的に付き合ったりしており、最も信頼している友人として、仲よくしている。その彼女と知り合って三、四年めだっただろうか、「あなたは、タッチャーだわ！」と言われたのだ。日本人は挨拶で抱き合うこともないし、キスもしない。握手もあまりしないで会釈だけ。あまり身体に触れないのに、私の場合は本当によく触れる、と彼女は言うのだ。

確かに、私は意識して、人の身体に触れるようにしてきた。もちろん、裏返せば、意識して触れないようにもしてきた。言葉によるコミュニケーションをよりプラスに、パワフルに伝達させようと考えたら、触れるというのは大切な要素だと考えているからだ。

私の会社では毎日スタッフが熱心に素晴らしい仕事をしてくれているわけだが、彼女たちと話をするときにも、身体に触れることが多い。たとえば、コピー機のところで資料をコピーしてくれているスタッフに「ありがとう。助かるわ」と声を掛けるとき、私は意識して彼女の背中にそっと手をおく。コンピュータに向かって真剣に原稿のリライトをしているスタッフの脇を歩くときに、彼女の背中にそっと手を掛けて「どう？　いつもいい仕事をしてくれてありがとう！」と声を掛ける。

私が触れるのは、ある一定の場所のみ。通訳をしていたときに、ダーシー・ニールさんが受講生の気持を落ち着かせるために使っていた技だ。すでに書いたが、私はここを「安心スポット」と名付けている。身体の前と後ろと二カ所ある。前は、胸の少し上で首の付け根との間の辺り。背中側もちょうどその反対側にあたる首の下、肩甲骨《けんこうこつ》の間の辺である。この場所に手を置くと、置かれた人は、スーッと気持が落ち着く。ほっとして、安心するのだ。自分で手を置いても効果がある。

仕事仲間に「ありがとう」と言葉で感謝の気持を表現するのは当然大切なことだと考えるが、短い時間しか言葉をかわせないことが多くなりがちな人や、時に、ネガティブな話をもしなければならない人間関係においては、ちょっとした触れ合いが重要だと感じている。

よく、ビタミンは摂取するだけではだめだと言われる。たとえば、ビタミンAだったら、油と一緒にとらないと身体が吸収してくれない。だからこそ、ホウレンソウは油炒めをするとよりよいとされるわけだ。コミュニケーションも同じではないだろうか。言葉の選択とプリゼンテーションに、安心スポットを加えると、メッセージが何倍もの吸収力になる、という気がするのだ。

交渉の時に使ったこともある。

ドミンゴ、パバロッティ、カレーラスによる「三大テノール」コンサートは多くの人が観に行かれたかと思うが、私はあのときに楽屋で、ちょっと通訳としてお手伝いしていた。大コンサートの幕開け。誰もが緊張している。そんなときに、スタッフの興奮を鎮めるために、初めて会った、アメリカ側の、しかも目上の人であったけれど、お話をしながら背中の安心スポットにそっと手を置いてみた。「僕の身体にさわるんじゃない！」と一瞬叫ばれたが、その瞬間に、彼は落ち着き始めた。結局、うまくいった。こんなときは、手の先から、ウィン－ウィンをつくりたいのですよ、という愛情のエネルギーが相手の身体に流れ込んでいった、そんな気がするのだ。

またあるとき、電子メールを使うコミュニケーションにとても批判的な方がいらっしゃった。人と人のコミュニケーションのあり方ではない、という趣旨であったと思う。その方との話の中でも、「私は、電子メールだけでコミュニケーションをしようなどとはまったく考えていないのですよ」と私のカメレオン・コミュニケーションの考え方を話し、「安心スポットなども活用するのですよ」などと付け加えると、「ふ～ん。それはいいなあ」と、その方も気に入ってくださったようだ。

ちなみに、夫には、私の安心スポットに触れながら会話をしてくれるように、あらかじめ頼んである。平日は合計五秒も会話をする時間がない、すれ違い夫婦。週末一緒に過ごせればよいが、もし仕事が入っていれば二週間会話ができないこともしばしば。だからこそ、少しの会話でお互いの愛情を身体に吸収して、蓄積したい。言葉の吸収力を高めて、即効力を持たせるために、「安心スポット付き会話」をリクエストしているのだ。極端なことを言うと、彼が無言で新聞を読んでいて、私が無言でコンピュータに向かっているときも、彼の片手が私の背中の安心スポットに添えられているようにと、頼んでいるのだ。

してもらいたいことは、しっかり自分から伝えて相手にしてもらうのも大切。目的は、お互いが安心し合うことなのだから。

「明日しよう」から「今日している」へ

――リスポンスビリティーの発想

リスポンスビリティーは、対応する能力

フリーランスの通訳として仕事を始めたばかりの私は、ひとつの疑問にぶつかった。辞書に書いてあるように訳しても、なんとなくしっくりこない言葉があるのである。初めてそんな体験をしたのは、二四歳の頃だったと思う。

私が通訳についたダーシー・ニールさんが話の中で「リスポンスビリティー(responsibility)」という単語を連発したときのことだ。彼女は、リスポンスビリティーを持つことは能動的な行為だと考えて、その単語を前向きな意味で使っていたのだが、私がそれを「責任」と通訳すると、どうも重たい感じになってしまう。聞き手の日本人たちの表情がこわばってきているのもわかった。

休憩時間に、彼女といろいろな話をすることになった。彼女は、当時アメリカから来日したばかり。日本の文化も慣習もわからないことがたくさんあったから、自分の話を聞いている日本人の反応が、今一つ、ピンとこないというジレンマがあったようだ。一方、通訳を始めたばかりの私も、訳しきれないニュアンスの存在を感じることがあった。そこで二人の認識の差を埋めるために、私たちは、どうしたら微妙なニュアンスまで伝えられるのか、という通訳の仕方を考えようと、複数の言葉について話し合うことになった。

結果は、通訳としての上達や彼女の日本に対する理解が深まったことに留まらず、私自身、自分が生きていく上での基本となる考え方を学ぶことができたのだ。それまでなにげなく使っていた言葉が含み持つ意味を改めて感じ取り、考え直すことで、自分が伝えたいことの最高の表現方法をみつけることができたのである。彼女との一種の言葉遊びのような言葉分析は、私に多くのひらめきを与えてくれた。「リスポンスビリティー」はその中でも大切な単語の一つだ。

リスポンスビリティーという単語は、辞書で引くと「責任」と書いてある。だから、責任と通訳しても間違いではない。しかし、人生を前向きに、力強く生きていくことに対して使われることも多いこの英単語を、「責任を取って……」と日本語にしてしまうと、どうも重たいイメージがつきまとう。さあ、やるぞ、という動機づけをするにはほど遠く、むしろ、聞き手は緊張して、慎重に行動しようと考える。

よく考えてみると、責任という単語は、「責」と「任」の二つの単語からできている。辞書を見てみると、責任の「責」とは、「過《あやま》ちなどをせめる、とがめる。自分がしなければならないこと」とある。「任」は「まかせる。まかす。つとめ、やくめにつく」とある。さらに、責任を「負う」とか、責任を「取る」とか、動詞と組み合わせるときもマイナスイメージを伴う漢字を使っている。

私流に解釈をすれば、責任とは、「責められることを任された」ということになる。ようするに、この仕事に関しては、失敗したときに他の人を責めないで、私を責めてくれ、ということなのだ。昔、日本流責任の取り方は切腹だった。失敗したら、自分一人が過ちを償うということにほかならない。責任という言葉には、他の誰でもない、自分一人が背負っていく重荷というイメージが付きまとっているのだ。

一方、英語ではどうだろうか。リスポンスビリティーという単語を同じように二つに分解すると、リスポンスという単語とアビリティーという単語に分けられる。リスポンス(response)とは、対応、対処、反応、の意。アビリティー(ability)とは能力、可能性、の意味。そのまま訳すと「対応能力」となる。

リスポンスビリティー＝対応する力、という考え方なら、何か問題が起こっても、対処する方法を的確に見つけ出せればよいのだから、多くの人がほっとするはずだ。重苦しいイメージはなく、むしろ行動をしていくことをイメージさせる軽快な感じすら受ける。

たとえば、他人の大切な書類をなくしてしまったとき、「ごめんなさい、どうしましょう、ごめんなさい」とおろおろするのではなく、謝った後、すぐにその書類の再発行を依頼し、同じものが手元に届くように手配することが、対応能力ということになるのだろう。

どんなに注意していても失敗は必ず起こってしまう。失敗したらすべて終わりということでは、常に恐怖と向かい合わなければならない。それでは、失敗が起きたときの訓練もしようがないし、責任者は緊張の連続だ。もちろん問題が起こらないように数々の配慮をしていくことは必要なことだが、それだけでは不充分だ。想像しえない事故が起きたときの対処の能力を身につけていくことこそが、リスポンスビリティーの訓練になる。

対応する能力、対処する能力、という考えを持つことによって、私自身は、物事の可能性を広げて考えるようになった。こんなことが起きるかもしれない、あんなことが起きるかもしれない。そんな可能性を考えて、対応方法を前もって考える癖がついてきた。問題を予防する力と、解決する力の両方を身につけていくことで、少し気楽に仕事も子育てもできるようになった。

何度も言うようだが、思いがけないことは起きるものだ。問題や失敗に直面しても、自分一人で背負うのではなく、対処の方法を素早く見つけて、周りに協力してもらいながら対応していく。それこそがリスポンスビリティーなのだから、毎日、何に関しても対応策を準備しながら、ますます多くのことに挑戦していきたいと考えている。

「明日しよう」から「今日している」へのシフト

いい話を聞いて感動したり、いい本に出会って刺激を受けたりして、「そうだ、私もこんなふうに生きよう」とか、「こんなふうに自分を改革しよう」と意を決することは、私の人生で数々あった。でもほとんどの場合三日坊主で、興奮と一緒に決意まで消えてしまうことがほとんどだった。

また、「明日からダイエット」と言われるように、今からではなく、「明日から」「次から」「今度は」ということも多かった。向上心はあるのに、行動に結びつかない。思いはあるのに、自分は変われなかったのである。私がそんな自分にあきあきしていたときに、言葉の使い方で、自分を動かせることを体験した。「〜しよう」でなく、「〜しています」

と変えてみたのだ。

たとえば、「整理整頓、デスクの上をきれいにしよう」と思ったときの言葉をよく聞いてみた。「〜しよう」と言っている。これは、今の時点での将来の希望であると理解できる。今は整理整頓ができていないから、さあ、これからはきれいにしよう、というふうに。

会社概要などに書かれた企業理念の中でも「〜します」を多く目にする。「お客様を大切にします」「資源を大切にします」「皆さんの利益を追求します」「地球環境を考えます」「我が社の成長のために尽くします」など。これらを読むと、どれも皆、「今はしていないけれど、これからします」との分析もできるのである。

日本語では意思表明は「〜します」と表現するものだ、と考える人もいると思う。そのような表現を使って、すべての約束ごとが実現できている人は、それでよいのだと思う。しかし、多くの誓いを立てているのに、なかなか実現できない、という人は、今までの自分の日本語に対する固定観念をちょっと脇において、自分を分析するために言葉を丁寧に観察してみることが大切だと思う。

誰もが知っているように、私たちは常に「今」を生きているわけで、明日は永遠に明日なのである。未来形で書かれた意思表明は、永遠に未来を語っていることになるし、現実は永遠に変わらないかに聞こえてしまうのである。

そこで、私は、文章をなるべく現在進行形に変えて、主語を付けて話すようにしてみた。「きれいにしよう」のかわりに、「きれいにしています」とつぶやいてみる。すると、言った瞬間に、きれいにしているかどうか、この言葉が自分の行動のチェックリストに早変わりしてくれるのだ。

会社として使うメッセージも、「私たちは、お客様を大切にします」では、今はだめだけれど努力します、と聞くこともできるから、最近の企業は「私たちは、お客様を大切にしています」「私は地球環境を考えています」といった現在進行形のコミュニケーションをするようになった。

現在進行形で話すことで、ぐっと現実味のある、地に足のついたメッセージを送れるようになったし、そのうえ、本当に行動を始めることにつながったのだ。

「～します」のほかに、「努力」と「がんばる」、「勇気がない」「自信がない」の単語も、行動することを妨げているから、使わなくなった。

「努力してみます」という言葉は「できないかもしれません」と同意語である。東京駅から大阪駅に行くことが目標なら、「明日大阪に行きます」と言うし、すでに今日のことなら、「今、大阪に向かっています」と言う。もし「大阪に行くように努力します」「行けるようにがんばってみます」と相手が言ったなら、行くための努力をしても行くかどうかはわからない。または、きっと行かない、ほとんど行かれない、と理解するだろう。

英語でも、ビジネス文書で「I try to call you.」（私の方から電話するようにトライします）と書いてあったら、「電話をかけるよう努力しますが、かけられないかもしれません」という意味に解釈する。トライ（try）という言葉は、「努力はするが、多分できない」という意味だからだ。

相手が使ったときに、実現しないな、と感じる言葉であれば、自分のことでも同じである。「がんばってみる」「努力してみよう」という発言は、本心では「やりませんよ」ということなのだ。

その上、努力という行為自体はとても大変なことだと思う。たとえば、目の前にペンを置いて「ペンを取る努力をしてみてください」。そう言ったら、どうするだろうか。行動の目標はペンを取ることではなく、ペンを取る「努力」をすることだから、ペンを取ってはならない。手を伸ばし、ペンに指先がつくかつかないかのところで、歯を食いしばって、うんうん唸《うな》る。しかし、「ペンを持ってください」と、言い換えてみると、さっと手を伸ばしてペンを取ればよいのだから簡単である。

私たちの脳は、本人が自覚していないような言葉の本音をつかみ取って、人間を行動させるのである。努力、といえば努力をする。取る、といえば取るのである。

「勇気がない」「自信がない」という表現も、行動を妨げていると思う。

たとえば、会社で同じ部門の人が一〇人ほど集められて、新しいプロジェクトについて説明を受けた。ちょっと不明確な部分があったのだけれども、誰も質問しないので、質問できなかった。こんなとき、「まだ一番若いし、第一、勇気がなかった」と表現することが多いかと思う。確かに、日本語では、こんなときに「勇気がなかった」と言うが、本当に勇気と関係があるのだろうか。「なにものをも恐れない強い意気」が勇気だと辞書にはあるが、質問することに、なにか恐れがあったのだろうか。自分だけ理解できなかったことを知られてしまう、という恐れだろうか。くだらない質問だと人前で言われるかもしれない、という恐れだろうか。それとも、ただなにげなく、勇気という単語を口にするような習慣になっているのであろうか。

そうではなく無意識のうちに、行動しない方が自分にとって得だと結論をだし、質問しないという行動を選択した、ということだ。もしかすると、単に、初めてのことだったので、慣れていなかっただけのことかもしれないのに。

「～しよう」「努力します」「勇気がない」「自信がない」という表現が悪いのではない。それらを「なにげなく」使うことが問題だと考えている。

会社を設立したい、と計画ばかりに時間をかけてなかなかスタートさせない人がいる。

もしかすると行動を起こすことではなく、夢見て計画することが好きなのかもしれない。ドリーマー（夢見る人）でなくドゥーアー（行動を起こす人）になるのも、一瞬のシフトでできる。

言葉には、意識を動かして、行動を起こさせる力がある、と私は信じている。だから、口癖になっている言葉を意識して、必要なら他の言葉に置き換えて、まず行動してみることと、やってみることだと思う。

質問できなかったのも、知識や経験、勉強不足が本当の原因かもしれない。それなら、解決策は、勉強すること。免許もないのに自動車の運転をしてはいけない。これは「勇気」とは無関係。「勇気」を出すために必要なのは知識や経験を積んでいくことだからだ。三〇人もいるところでは、どうも質問ができない、という人は、一〇人のときに質問してみることだ。練習である。声が小さくて聞こえなければ、聞こえませんと言われるかもしれない。そうしたら、大きな声にすればよい。変な質問をして笑われたら、自分も笑ってしまえばよい。「継続は力なり」。自分で決めた行動を、何度も繰り返す。いろいろな機会で、行動をしていくことが、練習なのだ。自信も勇気も、家の中で座って待っていても、やって来ない。自分から体験しに行くものだと思う。

私は、自分に取り入れたい考え方や、守りたい約束ごとがあったとき、「〜しています」

と、現在進行形で自分に向かってつぶやいている。それを繰り返していくことで、意識を変え、行動をしていくのである。なぜなら、行動している、ということは、周りに対する非常に積極的な貢献だと私は考えているからだ。

心のエネルギーをまっすぐにする

心の中で考えていることはなかなか見えないという人もいるが、私は心から出ているエネルギーはガラス張りの状態だと思っている。具体的に考えている内容まではわからなくても、どんなに隠そうとしても、いいことなのか悪いことなのかは、伝わってしまうような気がする。なぜなら人間をつくっている要素は、皮膚や肉体だけでなく、考えていることや感じていることが引き起こす行動だったり、それに影響を受ける顔つきや身体つきもあると思うからだ。

毎日の生活のようすや、ある一瞬の心の持ち方が、「エネルギー」となって身体から出て、周りの人に伝わっていると私は考えている。エネルギーとは、身体の中からわき出ている熱力、その人の身体の中からわき出てくる印象のことだ。たとえば、「心で感じていること」「頭で考えていること」「身体の健康状態」「顔つきなどの外見」の四つの要素がかもしだす、総合的な熱力だと私はとらえている。

それはたとえばこういうことだ。生まれたての赤ちゃんは、お腹がすけば泣くし、うれしければ笑う。お腹がすいているけれど、今泣いてしまうと母親に迷惑をかけるかな、とか、おむつを汚してしまったから、これを知られたくないな、などといろいろなことを考えはしない。まわりの大人たちの顔色をうかがうこともなく、大泣きをする。赤ちゃんのエネルギーは、直線的に爆発せんばかりにまっすぐに出ているのである。

少しずつ歳を重ねると、人と関わったり、社会体験や家庭環境などによってこのまっすぐなエネルギーが変化するのだ。長期的な変化もあるし、短期的な変化もある。ゆがむ場合もあるし、絡まる場合もある。たとえば頭で悪巧みをしていたり、何かに怒っていたり、不満をためていると、心の中の悪い感情がエネルギーとなって外に出てしまうわけだ。

以前、「ニューステーション」で中国に気功の取材に行き、「気」というものを少し垣《かい》間《ま》見た。生きているものにはすべてに「気」が流れているという。動物にも植物にも、気が流れている。人間も同様で、身体の中を「気」がスムーズに流れていると健康、元「気」な状態で、身体の中の「気」の流れがゆがんでしまうと病「気」になる、という。

気功というのは、自分の体内に流れている気をスムーズに流していくための自分のための健康体操なのである。

この考え方を知ってから、私は、身体の中にストレスだとか、怒りだとか、邪心だとかが発生したら、そのゆがんだエネルギーが身体の中に沈滞してしまわないように、ふーっと息を吐くようにしている。大きく口を開けて、舌を思いっきり出して、大きく目を開けて、「エー」と声を出すこともある。そうすると、身体の中の悪い気持が、手の先や舌の先から外に出ていくような感じがするのだ。仕事中に疲れると、洗面所の鏡の前で、身体を開いて、リラックスさせ、だらんとさせて、頭を回したりする。両手の手のひらを開いて、ぱっぱっ、と手を洗った後に水滴を落とすような感じで、ふるったりもする。邪気を指先から追い出すのだ。

余談だが、肩凝りをしている人に、肩のマッサージをしても、肩の周りに悪い気が移動しているだけで、ちっともよくならないといわれる。腕の方までマッサージして、指の先から気を放りださないといけないそうである。

生活をしていると、いやな気持になることもある。怒りを感じることもある。それらを身体の中にためてしまうと、身体の中のエネルギーがゆがんだり、渋滞を起こしたりするのだろう。

二〇代の前半の頃は、喜怒哀楽を表現しないことが多かった。特に、怒りという感情は外に出すこともなく、心の中に閉じ込めていた。でも心のスペースにも限界があるだろう。あんまりたくさんの怒りを閉じ込めていると、他の感情を感じにくくなるし、心から発するエネルギーの燃料源がよどんでしまう。だから、今は気持をまっすぐに表現して、体内に残らないようにしている。体内に流れているエネルギーが、そのまま外に出ていくのだとすると、自分自身の鍛錬によって浄化できるし、まっすぐにできるものだと思う。いつもまっすぐにエネルギーが流れ、身体から出るように、訓練することが大切だ。

頭では、まっすぐにものを考える。難しく考えない。直線的に考えるようにする。心では、まっすぐに感じるようにしている。どんな感情にも素直になり、それを表現できるように練習してきた。

自分のエネルギーが今どんなふうに出ているのかを客観的に知るためには、私は鏡を活用している。室内では、定期的に鏡を見て自分の表情などを確かめてみるし、外出時には、街中のショーウィンドウに映った姿を見たり、電車の窓に映る姿を眺め、確認することもある。しょっちゅう見ていると自分のエネルギーの出方がだんだんつかめてくる。「今日は、何かいい感じ」という日もあれば「やっぱり昨日のことが忘れられなくて、いやな顔をしているな」ということもある。エネルギーがゆがんでいるようなら、原因を探して、シフトさせる。

疲れているとか病気だとか、健康状態の悪いことが原因の場合もある。体調が悪ければエネルギーがまっすぐ出にくくなる。そんなときは環境を良くしてまず身体を休めて、リラックス。

自分の訓練をして、相手のためにギブ&ギブンでいると、まっすぐで凛《りん》としたエネルギーが出るようになるのである。

私の会社でスタッフを採用する際に、何より大切にしているのが、その人から出ているエネルギーである。もちろん履歴書も見る。そして実際に会ってみて、経験も聞く。しかし、元気があって、はきはきしていても、どんなに条件が合っていても、最終的に決め手となるのは、その人から、「前向きの、澄んだエネルギーがまっすぐに出ているか」なのである。

変化を起こす：Make a difference.

一九九七年四月、沖縄の米軍基地問題で特別措置法が可決されたというニュースを聞いて、疑問を持った人は多いに違いない。ちょうど、私がパリに出張している間の報道であり、帰国後初めての仕事がCBSドキュメントの収録だったから、プロデューサーのMさんと、一緒にキャスターをしているピーター・バラカンさんと昼食をとりながら、そんな話をした。

「自分自身も何もしていないから言えないけれど、なぜデモをするのが沖縄の人だけなのかしら。本土の人たちももっと一緒にデモをするとか、社会的な動きをしてもいいと思うんだけど」と私が言うと、ピーターも「本当だね、多分フランスあたりだったら暴動が起きてると思うよ。いつも思うんだ、日本人てどうしてもっと怒らないのだろうって」と続けた。

別に、デモや暴動を推薦しているのではない。ただ、もっと多くの人たちの社会参加があってもよいのではないだろうか、と感じるのだ。

そんな私も、小さいころ、学校で自分が何かを発言しても、変化が起こせるという体験はしてきていない。クラスメートたちに何かを提案しても、取り入れられることもなかったし、先生に規則の変更を申し出ても、変化は起こらないだろうと考えていた。社会に出ても同じ体験をしてきた。慣習を変えることは難しいのだろう、と思っていた時期もあった。そんな毎日の体験の積み重ねから、気がつかないうちに、「自分が何かを言っても世の中何も変わらない」と思い込んでしまっている傾向があると思う。

提案し、話し合い、いろいろな角度から物を考え、変化を起こしていくということを体験してこなかった私たちは、社会参加に不慣れであるようである。社会をつくっているのが誰なのか、実感していない、と言ったほうが正確かもしれない。その上、慣れていないから、変化を申し入れたときに、すぐに採用されないと怒りだすという人もあるようだ。

私はあまり「政治」には興味がない。正確に言うと、議員の動きや政党の動きには興味はない。しかし、以前から社会に変化を起こすことにとても興味をもっている。どうしたら、社会が良くなっていくのか、私が何をすれば役に立つのか、ということにはいつも関心があるのだ。

その点、海外では自分が動くことで変化を起こす、社会に違いをつくる、Make a differenceという発想が人々の中に培われている。CBSドキュメントで放送してきたストーリーでも、一人の人間が世の中に変化をもたらした例はいくつもある。

たとえば、パキスタンで児童労働をさせられていたイクバル君という男の子は、工場から抜け出して児童労働反対の運動を始め、アメリカにまで渡って訴える機会をもったことがある。この意志の強い少年は、海外での発言の機会を終えて、パキスタンの村に戻ると何者かに暗殺されてしまった。この暗殺のニュースは世界中に配信され、カナダの小学生クレイグ君が立ち上がった。イクバル君の遺志を受けて、カナダの子供たちを集め、パキスタンなどで児童労働によってつくられた製品の輸入をしないようにカナダ政府に訴えたのだ。はじめは政府は耳を貸さなかった。しかし、少年が記者を集めて記者会見をすると、大統領まで直接会うと言い出した。結局このカナダの少年が始めた「セイブ・ザ・チルドレン」(子供を助けよう)という運動は、カナダやアメリカが児童労働に反対していくきっかけをつくった。たった一人の少年が、世界を動かすきっかけになったのである。

「こんなふうになったらいいな」とか「誰か、なんとかしてくれないかな」と嘆いていても始まらない。自分の人生の変化を起こすのも自分。社会に起きる変化も、自分から始まっていくのだ。私たち一人ひとりが、自分が何をすると役に立つのかを考えて行動すると、少しずつ、世界は変わっていくのである。

世の中を変えるのは、「皆」ではなくて「私」の集合体だ。意見を言うのも、行動を起こすのも、「誰か」ではなく「私」なのである。

「変化を起こす」「この世の中に違いをつくる」のも、「職場を変化させる」「人間関係を変える」のも、すべて「自分」が動くことから始まるのである。

「自分の最高」で対応する

私の発想には限界が存在していないことが多い。常に考えつく新しいアイディアに囲まれて、楽しく仕事をしていることが多い。なぜなら、やりたくてやっている仕事ばかりだし、好きな人たちに囲まれているからだ。

仕事をする上で私にとって一番重要なことは、私がその仕事をやりたいのかやりたくないのか、ということなのである。やりたい、と思ったら、何をしてでも必ずやる。困難にぶつかっても、必ず解決方法を見つけだす。やりたいと思う熱意が、私に創造力を与え、体力を与え、時間を与えてくれるからだ。やりたくない、と思ったら、仕事を引き受けないか、自分で決めたレベルまでの仕事をする。しかし、少しでも自分の脳や身体を使うのならば、やりたいと思って楽しく仕事をする方がよいと考える。だからほとんどの仕事がやりたい仕事、となる。

ある人にこんなことを言われたことがある。「今まで私は、努力しなければできないことはやらなくていい、と考えて仕事をしてきたけれど、佐々木さんは努力すればできることなら、必ずやってしまうんですね」と。そんな部分がある。できることなら、なんでもするという姿勢で毎日を送っている。「自分の最高」レベルをいつも上げる練習をしたいからだ。一時期「大きく考えろ（Think Big.）」というメッセージがアメリカのビジネス界から日本に伝わってきたが、私は、「自分の可能性は無限である」と信じて、大きく考える訓練を日々重ねているのである。

先日脳ドックに入ったときに興味深い話を聞いた。自分の脳を専門家に見られるのは、身体のレントゲンを見られるよりずっと気恥ずかしい。特に、脳の密度やしわの深さがはっきり見えるＭＲＩを見つめて、先生が「なるほど」などと言うと、ちょっと不安な気持になる。先生は、私の右脳が左脳より発達していることを指摘し、子供の頃の教育の話に花が咲いた。子供の脳の発達は目を見張るが、そのときに私の脳を見ながら先生がおっしゃった。「人間の脳は四〇歳まではかなり成長し、変化しますよ。もちろんその後も成長しますが」と。

「もっと勉強しなさい、あなたにも可能性はありますよ」というメッセージだと受け取ったが、確かに、日々の訓練で脳は変化していると実感する。毎日、毎日、大きくものを考えるようになると、頭が考えることのできる範囲が広がっていくのだ。筋肉のトレーニングの用語にストレッチという言葉がある。足や腕を毎日少しずつ引っ張って、伸ばしていくと、最終的には筋肉が伸びて、身体が柔らかくなったりするというものだ。脳も、心も、同じだと私は考えている。考えることに限界はない。こんな可能性があるのではないか、こんなことができるのではないか、こんな方法があるのではないか、とあれこれ考える訓練をするうちに、それくらいは「自然に」できることの一つになる。自分の能力の幅が広がるのである。

たとえば、仕事のレベル一、二ができる状態のときに、「私には一、二、三ができる」と考えて仕事をしていると、それは、できなかったレベル三を、毎日訓練していることになり、結果的には本当に一、二、三ができるようになる。三までできたら、今度は頭では「私は、レベル一、二、三、四ができる」と考えるようにする。脳のストレッチ体操である。

「わかりました。できる限りやってみます」という返事を聞くことがある。私は、そんな返事を聞くと「できる限りやってみますが、できないこともありえます」と言われているように感じることがある。「できる限り」という言葉は、無意識のうちに自分でどこかに限界を設定しているからだ。

たとえば「一、二のできる人」が「できる限りやる」と発言して行動したら、一と二だけをするということである。これは、「私には一、二、三ができる」と考えて行動するのとは大分違う。前者は、一、二で終わっても「できる限りやりました」と言えるからだ。

今までの自分の限界で考え方や行動の範囲を決めてしまっては、自分の最高点を高めていくのは難しい。もちろん、誰にも限界はあるはずである。しかし、その限界を脳のストレッチ体操をしながら少しずつでも広げていくのか、それとも、今の限界の位置を固定させて、その範囲内でのみ生活をするのか、どちらがわくわくするかといったら、答えは明白だろう。

「私の役割」を見つめ直す

——ミッションの発想

「国境なき医師団」ならぬ「国境なきシェア集団」

「佐々木さんの夢は何ですか?」と聞かれると、「いろいろあるんです」とうれしくなって答えてしまう。今まで考えてきた夢は、少しずつ形を変えて、現実に近くなってきている。

高校、大学の頃に一生懸命考えていたのは「世界文通ネットワーク」。地球上の人が全員、必ず一人、他の国の人と文通するようにしたら、きっと地球上から戦争がなくなるのに、と思ったのだ。知らない国の人と文通をして友達になったら、きっとその国のことを大切に思うようになる。だから、将来そのような仕組みをつくりたいと考えていた。

大学を卒業して何年かしたとき、新聞で「フォスタープラン」という組織を見つけた。

月々五〇〇〇円の寄付と文通を通して、発展途上国の子供たちと地域を援助していくシステムだ。援助はしたいのに、寄付してもそのお金がどのように使われるのかわからないし、お金だけを提供するのでは私自身が満足しないと感じていた矢先に出会った新聞広告だった。

申し込むと、相手の子供の写真と家族構成や資料が届いた。こちらの情報も相手に伝わる。「心でつながる親子」となって一対一で文通をする。物を贈ってはならない。相手の子供がその国で自立をしていくのを支えていくための援助です、という姿勢もとても気に入った。毎月の五〇〇〇円も、今の自分の環境だと提供可能な金額だと思った。それが、相手国の家族の世帯の毎月の収入と同じくらいだというのだから、その価値もうかがえる。寄付したお金の二〇％近くが事務経費に使われ、八〇％以上が相手の子供の住んでいる地域で使われる費用になる。また、相手の子供の家の近くにソーシャルワーカーやボランティアの人たちがいて、その子供と会って、学校のことや健康のことなどを確認してくれる。その彼らが、住民と一緒に寄付するべき内容を決めたり報告をしてくれたりする。非常に良くできた支援システムで、私はすぐにメンバー（フォスター・ペアレント）となって寄付を始めた。

はじめはフィリピンの女の子のペアレントとなった。彼女の写真が届いたときには、うれしくて涙が出た。文通を重ね、何年もするうちに、やがて、彼女も一八歳になり社会に出たので、援助は打ち切られた。最後の手紙に「私もお母さん（私のこと）のように社会に出て仕事をしていくことにしました。いつか会いたいです」。まだ会ったことのない彼女が今まで以上に愛しく感じられたのだ。その次は、ケニアの女の子のペアレントとなったが、彼女もあと二、三カ月で、援助卒業となる。今はまた、バングラデシュの女の子と文通（?）をしている。

私がフィリピンの女の子との文通を始めた頃、ちょうどフィリピン革命が起きてテレビニュースではフィリピン国内の暴動の様子が伝えられていた。まるで自分の身内が住んでいるかのように感じた私は、ニュースにかじりつき、地図を片手に、彼女の安否を気遣った。このような気持が芽生えていくことは、まさに私が学生時代に考えていた通りだった。「世界文通ネットワーク」の夢は、このようなしっかりしたシステムですでに実施されていることを知り、私の夢は少しずつ変化していったのである。

「ニュースステーション」での六年間、私が取材のために訪れた国というのは多くが発展途上国だった。どこへ行っても病気一つしない私は、電気も水もないところばかり取材に行くようになった。難民キャンプ、洪水の後、サイクロンの後、内戦中の土地、暴動、など。その行く先々で必要だと感じたのは、学校だった。どの国を取材しても、結局問題の原因は知識の足りなさ、視野の狭さ、事例の少なさ、あらゆる意味での経験のなさと情報不足から来る悲劇がほとんどだと感じた。

アフリカの南部にあるジンバブエという国の難民キャンプには、隣のモザンビークから逃げてきた難民たちがキャンプ生活をしていた。ある若い家族と何日間か過ごしていく中で、「ねえ、今夢がかなうとしたらどこに行きたい？」と聞いてみた。すると「日本」と答える。多分、私たちに会うまでは知らなかったのに、友達になったから、よい国だと思ったのだろう。でも、きっと日本がどこにあるのかも知らないはずだった。そこで、「日本以外ではどこに行きたい？」と聞いてみると「南アフリカ」と答えるではないか。仰天した。当時南アフリカは、まだアパルトヘイト（人種隔離政策）が存在していた。彼女たちが行ったら、住むところもなく、苛酷な生活を強いられることになる。私は現地で取材をしていたので、事情はわかっていた。「え？　どうして？　南アフリカにどうして行きたいの？」と聞き返すと「だって、以前、高いビルがたくさんある写真を見たから、きれいだと思って」と言う。きっと絵ハガキか何かで、ヨハネスブルグの写真を見たのだろう。「確かにビルはたくさんあるけど、南アフリカにはアパルトヘイトっていう法律があるの、知っているの？」「何？　知らない」

黒人に対しての隔離政策であること、私が取材した金鉱山などでは非常に苛酷な労働条件で黒人が働かされていたことなどを話すと、彼女は驚いて、「知らなかった。南アフリカには行かない」と答えた。

歩いて行ける距離にある、隣国である。すでに何人もの難民たちが、モザンビークから逃げるために、歩いて南アフリカに国境を越えて入って行った。皆、知らないのである。

「学校があれば、少しずつでも世の中が変わるかもしれない」。私は、そう考えるようになった。世界中に小、中学校のようなものをつくりたい。寺子屋みたいなものでもいいから、と夢を持ち始めたのだ。

バングラデシュでは、シャプラニールという日本のボランティア団体が識字学校を開くなどしている活動を取材した。また、日本から寄付したお金で、現地の人たちは、サイクロンで消えてなくなってしまった学校をつくっていた。首都ダッカから南の方に行った村で見た光景は今でも忘れられない。村の男たちが、土を盛って、木を背負って、学校をつくっていたのだ。贈ったお金がどう使われているのかを見に来た、日本という異国からの私たちに対して、背の低いおじいさんが建設の手を休めて、私たちが立つ畦道《あぜみち》にやってきてくれた。素朴な村人たちだ。首都のダッカがどこにあるのかも知らないと言うし、ましてや日本という国も知らない。皆、サイクロンの後の水びたしの村の中をはだしで歩いている。そんな忙しい中、私たちを丁寧に出迎えてくれて「日本の方々には心から感謝しています。学校は子供たちにとってとても大切です。村人が自分たちの時間をさいて、こうして皆で協力してつくっています。日本の方にお会いできて光栄です」と私のような若者に対して、日焼けして、しわくちゃの顔で、挨拶をしてくれた。心を打たれ、涙が出た。村中の子供たちも私の周りに集まって、皆で手をつないで歩いた。

この体験からも、学校をつくることの夢が膨らみ始めた。しかし、学校というのは、建物だけつくっても成り立たない。建物の維持も考えていかなくてはならないし、なにより、教師を育てたり、教材を提供したりしながら、継続していくことが一番大切な仕事となる。一時的な援助では、とても成立しないのだ。そう実感しながらも私は、いったいどの国に、どのような学校をつくりたいのだろうか、と実際の計画を自分に問い始めたのである。

考えるうちに、私は必ずしも学校教育を普及したいのではない、ということに気がつき始めた。人は、多くの考え方に触れて、多くの人と出会い、多くの場面を体験することで選択肢を豊富に持つ。いろいろな考え方に触れて柔軟に行動できるようになる、ということは、自分の力で人生をつくっていくことに役立つ。振り返ってみると私自身が成長してきた過程でも、多くの人と出会った。家族や学校といった決められた環境だけでなく、その他の場所での出会いの中からも、物事を学び、自分の視野が広がった。考え方、感じ方などにも多くの選択肢があることを知り、自分が生きるのに役立った。

学問を考えることに限らず、私は、人々が大きな可能性を想像したり、より多くの選択肢を考えつくようになるために、人との出会いを提供できるような組織をつくりたい、と考えるようになったのである。

まさに、「国境なき医師団」ならぬ「国境なきシェア集団」をつくりたい、と考えるようになったのである。

「国境なき医師団」というのは、ご存じのとおり、フランスにある団体で、ボランティアをしてもよいと考えている医師などが登録をしておき、災害時にチームを組んで、救援活動をしに行くというシステムをとっている。公式外交とは関係なく、自由な決断のもとに援助活動をしている。

私が今考えているのは、それと同じようなシステムで体験をシェアする（分かち合う）集団だ。教育という言葉では、ちょっとおこがましい。こちらから一方的に教える、ということはありえないだろう。いろいろな例を知ったり体験することで、発想を豊かにするための機会を提供する組織のことなのである。屋根なし移動学校、とでも表現しようか。世界の子供たちや大人たちに、自分のものの考え方や、自分のいる社会のことや、自分の家族のこと、または学問など、教えたり、分かち合ったりするボランティア集団をつくりたいのだ。

名前と、分かち合いたいことなどを登録しておいてもらって、年に何回か五人から一〇人くらいで三週間程の旅にでる。アフリカだったり、アジアだったり、日本国内だったり。そこで、お互いにいろいろな人との出会いがあり、技術を教えたり、算数を教えたり、歌を歌ったり、家族のあり方を考えたり、自分の旅行経験を分かち合ったり、話をして、学び合い、考える機会を持つ。

そんな話をしたら、「それ、いいね」と、すでに、作家の大岡玲《あきら》さん、インテル株式会社会長（現モバイル・インターネットキャピタル社社長）の西岡郁夫さん、作家の松本侑《ゆう》子《こ》さんなどが「登録する」と言ってくれている。数年後には、一緒に出かけられるのではないかと思っている。

夢とは、わくわくすること。そして人のためになること。自分の足跡を残すこと。自分が生きていたことでのプラスの結果が残ること。

私は、この夢のために、今、毎日楽しく生きているのである。

私のミッション、私はなぜ地球上に生まれてきたのだろう

私が地球上に生まれてきた役割は何なのか。私のミッション（使命）は何なのか、と考えるようになって久しい。

自分の身近な出来事ばかりにとらわれていると、自分がどこに向かって歩いていけばよいのかがわからなくなることがある。人に振り回されて、目が回ってしまうということもある。あまりの圧力に耐えきれずにつぶれそうになって、自分ばかりが被害者のように感じることもある。自分のことばかりを見ていても、前が見えない。

そんなとき、少し客観的に自分のことを見るようにしている。

私自身をアリにたとえて、人間くらいの大きさで見てみるとか、人間の生活を月のあた

りから見てみるとか、地球全体を宇宙の遠くの方から眺めてみるとか。もしくは、自分自身のことを、親の目で見てみるとか、夫の目で見てみるとか、友人の目で見てみるとか、働く仲間たちの目で見てみるとか、いろいろな見方をしてみる。

ちょっと違う距離からものを見るだけで、自分のことがよく見えてくる。少し、広い範囲でものをとらえることで、行動の大体の方向性が見えてきたりする。なんだか、自分一人がグチをこぼしているのが、ばからしいように思えてくる。

地球に生まれてきた以上、一人ひとりの人間に、使命があると考えている。一人ひとりの人間が、生まれてきたのには、わけがある。生まれてこなかった人たちにも、わけがある。命を落としていく人にも、きっとわけがある。生命の一つ一つには、存在したこと、しなかったことの役割があるはずだ。役割、というより、もしかしたらメッセージという言葉の方がぴったりくるのかもしれない。

私は、この地球上に何年間か存在して、一体どんな役に立っているのだろうか。私が生きた、という痕跡がどんなメッセージとして残るのだろうか。私と関わっている人たちに、どんな影響を、メッセージを与えて生きていくのだろうか。

そんなことを、よく考える。

特に、新しいことを始めるときとか、大勢でプロジェクトをすすめるとき、仕事を選択するときとか、何かにつまずいたときに考える。

役割という言葉は、何だか、誰かから「役を割り当てられた」印象も受けるが、ミッション（使命）という言葉を使うと、自分の存在価値を見つけて、その価値をつくりあげていくための継続的で自発的な、でもちょっと運命的な感じを受ける。私は運命論者でも、宗教者でもないが、宇宙に存在するものすべてにミッションがあると感じることがある。

私のミッションは何だろうか。

初めて考えたのは二四、五歳の頃。よくわからなかった。でも、いつも考えるように心掛けたためか、二七、八歳の頃、少しずつわかるようになった気がした。人に伝えることが私のミッションかなあ、と。最近、私は自分のミッションを、こう考えている。

「世の中で起きていることを体験し、自分の心を通して、多くの人に伝えること。そして、そこからウィン－ウィン（一緒にプラスになる）という体験をつくりだしていくこと」

もしかすると、その表現方法、単語の選択は、ときとともに少し変わるかもしれないけれど、私のミッションの趣旨はこんな感じではないかと落ち着いている。そんな自分のミッションを身体にしみこませていくことで、さまざまな邪心から自分を引き離すことができるようになった。

「会社の経営とニュースキャスターと、なぜまったく違うことをしているのですか？　どちらが本業ですか？」と聞かれることもあるが、その質問にも、このミッションで答えることができる。

会社経営も、世の中で起きていることの体験を、自分の心を通して、仕事という形で多くの人に伝えることであるし、日々、関わる人たちとウィン－ウィンという体験をつくりだしている。「ニューステーション」のリポーターだったときは、私の仕事は、まさに、世の中で起きていることを体験し、自分の心を通して、多くの人に伝えることだったし、その取材のときに出会った人たちや、番組を見てくれた人たちが、ウィン－ウィンという体験をつくりだしていくことを目指していた。今、CBSドキュメントにおいて、アメリカの報道番組を伝える中で、世の中で起きていることを体験し、自分の心を通して、多くの人に伝えることをしているし、そこからウィン－ウィンという体験をつくりだしていくことを心掛けている。

子育ても同じである。親として、世の中で起きていることを体験し、自分の心を通して、子供に伝える。子供と一緒に、ウィン－ウィンという体験をつくりだしていくことが、私のミッションである。

ミッションが明確になると、自分の生き方が、それを軸として動くようになる。どっしりと構えて、そのミッション達成のために、日々を過ごせばよいのだから。ちなみに、ミッション達成と書いたけれど、この人生のミッションは、最後に達成するものではなくて、日々のすべての行動がミッションと一貫性を持っているかが達成基準だと考えている。

今の発言は、自分のミッションと一貫性があるのかどうか。今の行動は、ミッションどおりなのだろうかと、ミッションとは自分を動かしていくときに誘導してくれる力のようなもの、としてとらえている。

すぐに、自分のミッションはこれだとはわからないかもしれない。でも、自分が何のために地球に生まれたのか、ミッションを常に考えつづけ、文章にして表すことは、役に立つことだと思う。

地球に生まれた人すべてに、地球をプラスにしていくためのミッション（使命）がある。地球をプラスに動かしていくために、人々が存在しているのだから。

あとがき

どんな発想でも、それだけでは成り立たないし、どんな選択でも、一回限りでは変化につながりにくい。大切なのは、そのとき、そのときの状況を見て、自分で選択をしつづけることだと思う。

私たちが、時に立ち止まって、自分で選択したことを自覚して、前に進んでいくことができたら、世の中は大きく変わるだろう。時には過激に、時には中庸の精神で物事をとらえることができたら、そして大きな視野でものを考えて感じることができたら、人々が与え、与え合う「ギブ＆ギブン」の社会が実現するのだと思う。

私は、小学校の低学年の頃、幼稚園の同窓会に出席して、一枚のカードをもらった。今でも大切にしているそのカードの表には羊飼いの子供の絵が描かれており、裏には、こんな言葉が書いてあった。

「道にためらわず、目標を見失わず、
常に努力し、常に歩み、常に前進していきなさい」——アウグスチヌス

もらった日から、このカードをベッドの横に貼って、ほぼ毎日、唱えていた。六、七歳の私に、その意味がわかるはずもなかったが、この力強くて、地に足のついたメッセージを毎晩復唱していくうちに、私の心にしみこんでいったのは言うまでもない。今、この言葉は、私の大切な一言である。

この本は、私が、いろいろ迷いながらも前向きに生きてきた心の内を皆さんと分かち合うために書いた。哲学者でも、学者でも、教師でもないから、かなり自己流の物の考え方だと思う。ただ、私という人間がこんなふうに感じながら生きてきていることが、誰かの役に立つことがあれば、幸いだと思っている。

また、この本のキーワードは、チェックリストとしてご活用いただきたい。出版してからというもの、「佐々木さんはこれらのすべてをマスターしているんですか」という質問をあちこちで受けるようになった。私にとっても、現在進行中のチェックリストである。毎日の生活の中で、仕事の中で、うまくいっているかどうか立ち止まって考えるとき、また、どうしてうまくいかないのかを考えて行動計画を立てるとき、このリストを活用する。皆さんの生活を前に進めるためのキーワードとして使ってみていただけたら、それ以上の幸せはない。

文庫本にしていただくにあたっては、古くなった情報を少し新しくするために再度、『ギブ&ギブンの発想』(ジャストシステム)のときの編集者、深澤真紀さんにお世話になった。また光文社・知恵の森文庫編集部の松崎さんにも多くのご提案をいただき、文庫化するにあたって、より多くの人たちに手にとっていただけるようにと、本のタイトルを変えた。

『ギブ&ギブンの発想』から文庫化までには、四年の月日が流れた。その間に、私は二人目の子供を産み、二つ目の会社を設立した。会社、とは「株式会社イー・ウーマン」である。この本に書いたことを毎日実践し、私の考えることをあらゆる角度から実現していこうと試みたとき、私にはどうしても、やり遂げたいと思う仕事が明確になった。それを、イー・ウーマンの三つのビジョン、にも書いた。

1. 誰にでも公平な、自己実現のためのコミュニティー

女性、高齢者、外国人、子供、障害者、地方在住者などを含む、社会を構成する一人ひとりが自分で考え、選び、行動し、「自分の最高」に挑戦しながら自己実現できるよう、支援していること。

2. 新しい経済価値の創造

その一人ひとりの意見、体験、アイディアを、取り上げ、まとめ、新たな経済価値を創り出し、企業にとっても有益な経済活動に結び付けること。

3. ウィン-ウィン-ウィン

関わるメンバー、顧客、株主、社員、スタッフ、家族、すべての人たちが、この仕事に関わることで、精神的にも経済的にもウィン-ウィン-ウィンでプラスに成長していること。

もちろんユニカルでもやってきている。しかし、eWomanサイトを活用して、より多くの人たちに参画してもらえる「場」をつくりたかった。この本をお読みの方が、一人でも多く、eWomanサイトをごらんいただき(http://www.ewoman.co.jp)、メンバーになって発言したり、投票したりしていただけたらうれしいし、一社でも多くの企業が、eWomanと共に、商品開発をしたり事業展開をしていきたいと感じていただけたらうれしいと思う。

この本を書くのには、新幹線とタクシーの中を利用した。二つの会社と政府の委員と、いくつかの任意団体の活動と、家のことと、子供のことと、という仕事の中、原稿の執筆に一番適していたのは、移動中の時間だった。ひざの上に小さなパソコンを載せて、あちこちで、原稿を書いた。これもＩＴのおかげということだろうか。

今もなお、幸せに仕事ができるのは、私の周りにいてくださる人たちのおかげだと、心から感謝している。数々の体験と出会いが、私に多くの前向きな発想を教えてくださいました。

ありがとうございました。

そして最後に、私をいつも温かく支えてくれる夫と子供たち、そして何より、私に前向きに生きることを実例をもって日々教えてくれている母に、心から感謝し、ここにそれを伝えたいと思います。

人生は、「ギブ&ギブン」。これからも、まず与えることを、自分に言いきかせ、多くの方に与えられながら、前に進んでいこうと思います。読んでくださった皆さん、ありがとうございました。感想は、book@ewoman.co.jp または、http://www.unicul.com/about/bookform.html にてお待ちしています。

二〇〇一年一一月

佐々木かをり

解説

元インテル㈱会長
モバイル・インターネットキャピタル㈱社長
西《にし》岡《おか》郁《いく》夫《お》

筆者の佐々木かをりさんに初めてお会いしたのは、大阪の講演会場だった。二人がそれぞれ一時間ほどの基調講演を依頼されたときである。先に話をする私が会場に着くと佐々木さんもすでに来ておられて、私の話を聴いてくださった。自分の講演が終わったあと、私も佐々木さんのお話を聴かせていただいた。こういうことは結構少ないのだ。普通は自分の出番の前に会場に着いて、終わるとソソクサと引き上げてしまう。佐々木さんが「西岡さんのお話が伺いたかったので」とおっしゃったことをうれしく憶えているが、今にして思うと、佐々木さんはギブ&ギブンの「ギブ」をまさに実行されていたのだ。

本書を読ませていただいて、「なるほど、僕も実行してみよう」と心に決めたことが多い。そのうちのいくつかをご紹介してみたい。

1．ギバーになろう

ギブ&テイクはあとで取り戻す（テイクする）ために先に餌《えさ》をあげておくようで、打算のイメージがある、という指摘はまさに言い得て妙だ。いままで考えたこともなかったが、言われてみると、自分の行動にも「あとでテイクするため」という打算があったことを否定できない。これではダメだ。

そういえば今日も大勢の人たちの前で講演をしたが、一人だけ居眠りをしている人がいた。これこそ話し手のエネルギーを吸い取るテイカー。こういう人がいると、話し手は興に乗れないものだ。一生懸命にうなずきながら聴いてくれる人もたくさんいらっしゃった。この人たちがギバー。こういう人がいると、こちらも、もっと話を面白くしようと頑張れる。僕もすでに五八歳、人に活かされてここまでやって来られたのだから、これからはギブしてギブしてギブしつづけよう。

2．ウィン-ウィンの発想

ベンチャーキャピタルとして私がいま最も力を注いでいるのは、ベンチャー企業と大企業をマッチメイクすることだ。ベンチャーがいかにユニークな技術を持っていても、それを使ってくれるユーザーがいなければビジネスは立ち上がらない。一方、大企業がなんでもかんでも自社で開発しようというのも無理な話で、これからはベンチャーの技術やアイディアを上手に活用することが必要になる。そのときにウィン－ウィンが重要。大企業が一方的にベンチャーを利用するのではなく、ベンチャーを共に生かす心、そして、ベンチャーにも大企業に得を与えて共に生きようという心が大切だ。このウィン－ウィンの精神を自分も身につけ、若い人たちにも伝えていこうと思う。

3．I am proud of myself.

天気のいいある日、新幹線に乗っていたら「本日は大変いいお天気で、富士山が美しく見えます。一番美しく見える場所にさしかかりましたら、あらためてアナウンスいたします」という車内アナウンスがあった。しばらくして「皆様、いま富士山が一番美しく見えます」というアナウンス。なるほど工場地帯を抜けて煙突の煙も少なくなり、まさしく絶景であった。乗客は山側の窓際に集まって「うわー、きれい！　こんな富士山は初めて見た」と歓声を上げていた。そのとき、この車掌さんは自分の仕事に誇りを持っておられるなぁと思ったものだ。自分もこういう仕事をしようと思う。

佐々木さんはまた、親が子供の目を見て「I am proud of you.」と繰り返し声に出して語りかけることも大切だと言っている。テレ屋の日本人にはなかなか難しいかもしれないが、親がこんなふうに接することで子供たちは自信を得、自分の周りにも心配りができる人間に育っていくだろう。そういえば、私たち日本の亭主族の中には、自分の女房を紹介するときに「愚妻でございます」と言う人種がまだ生存している。心の中では愛しているとか、テレ屋だからとか言い訳はそれなりにあるのだろうが、女房を馬鹿にしてまで自分が照れることもないだろうに。ただちに三行半《みくだりはん》をくれてやらなければ。

誇りとは「自分のやってきたことに対して、私はここまで来た、とほめてあげることができる、そんな気持ではないだろうか」と佐々木さんは言う。自分もそんな気持で死んでいきたいものだと、読みながら胸がジンとした。

4. 両立からタイムマネジメントへ

確かに男の僕は「どうやって仕事と家庭と両立させているのですか?」と質問されたことがない。これは働く妻への質問と限られている。指摘されてみると、確かに妙だ。僕が七年間働いたインテルでは、幹部会のメンバーは約半数が女性だし、アメリカで講演するときも聴衆の約半分が女性だ。ところが日本では、どこの講演会でも女性はちらほら数えるほどだし、女性を部長にする大会社は例外中の例外だ。女性はまだまだ社会の前線に出て来られないのだ。来られないようにする殺し文句がこれ、「どうやって仕事と家庭と両立させているのですか?」「こんなことしていていいのだろうか?」と女性を惑わすための陰謀だと佐々木さんは言う。そして、この質問に佐々木さんは答える。「結婚と仕事だけでなく、育児も、テレビの仕事も、執筆も上手にタイムマネジメントしています。楽しいものです」とにっこり。

5．人生はジェットコースター

小学校の四年間を高橋千代子先生に担任していただいた。先生の口癖は「楽あれば苦あり、苦あれば楽あり」。だから試験勉強は早くからやりなさい、夏休みの宿題は早いうちに片付けなさいと言われた。僕の生き方にも大いに影響を与えた言葉だ。「人生苦あれば楽あり」。この本で、その懐かしい言葉に再会した。佐々木さんは、人生は上がったり下がったりするジェットコースターのようなもの、だったら落ち込むときに無駄な抵抗をするより、バーッと景気よく落ちて、その反動でバーッと勢いよく上がってくることを考えましょうと言う。人生ではバックミラーはちらちら見るだけ、ほとんどは前を見てのドライブなのだと。僕もこれからはそうすることに決めた。

6．自分に与えられた仕事は最高に仕上げたい

叔父の家が浄土宗のお寺で、僕が大学院生のころから、盆や彼岸の施餓鬼会《せがきえ》という行事の受付は、仲良しの従妹《いとこ》である敏美ちゃんと僕が担当することになった。それまで勘定が合わないことの多かった受付の会計が、以後、一円のミスも無くなったことは言うまでもない。佐々木さんが高校生時代にチラシ配りのアルバイトをして、「その仕事が大好きというわけでもなかったが、自分に与えられた仕事は最高に仕上げたいという意地が、私にはあった」というくだりを読んで、「似ているな」とニンマリせずにはいられない。「与えられた仕事で最高の成果を繰り返しつくっていくことが、次の仕事への扉の鍵になってきたように思う」とは、けだし名言である。

7. 会った瞬間が、挨拶のベスト・タイミング

これは身につまされた。よくあるのですよ。挨拶のタイミングを外して、「いまさら、挨拶もしにくいし」と思うことが。新幹線の中で著名な方をお見かけしたら、「××先生、ご無沙汰しております」と間髪を入れずにやればいいところを、「憶えていただいているかな」とちょっと不安になって最初のチャンスを逃すと、それが負い目になって挨拶できなくなる。だからこそ、飛行機での長い一人旅で幸運にも美女と隣合わせたら、躊躇《ちゅうちょ》せずに「今晩は、私、西岡と言います。長い旅ですからどうぞよろしく」と挨拶すべきである。一度タイミングを逃すと「今度、食事が運ばれたら」、「今度、立ったときに」と、十時間近くを悶々《もんもん》と過ごすことになるのだ。経験者は語る、である。

8. 肯定文で話して、成功のイメージをつくる

吹き出しました。「銀座の交差点にピンクのキリンが立っているなんて、絶対に想像しないでください」と言われたら、やっぱり銀座の交差点にいるピンクのキリンを想像しま

すよね。「右側がすぐにOBですから気をつけて」とキャディーさんに教えられると、僕のボールがまっすぐそちらに飛んで行くのと同じ理屈。こんなときは、右側のOBのことには触れずに「左側の松のちょっと右を狙ってください」と言ってくれるキャディーさんがいい。佐々木さん、おっしゃる通りです。

しかし世の中には、特に日本のビジネス界には「否定文」から話を始める人が何と多いことか。よく聞くと、話の内容は肯定的なのに、謙虚な日本人はつい否定的な表現を使ってしまう。私の周囲にもいっぱいいる。そういう人は仕事がスムーズにはかどらない。否定文が相手を守りの姿勢にさせ、心を塞《ふさ》がせてしまうからだ。いくら懸命に取り組んでも仕事がうまく行かない、そういう人は佐々木さんの声に耳を傾けてみてほしい。

9. 顔の訓練で、心のマネジメントをする

緊張や怒りを感じたときには、頭で怒りを鎮めようとせず、まずは身体を開く。手のひらを開いて深呼吸。顔の緊張を解いて深呼吸。すると、スーッと気持ちが治まる。という秘訣を教えていただいた。僕は喧嘩っ早くって、行儀の悪い人や迷惑行為をする人を放っておけないだけでなく、自分の思い通りにならないときにも、すぐにムカッとする悪い癖がある。この短気を五八歳になって未だ直せないでいる。この本で佐々木さんにいいことを教えていただいたので、すぐ実行することに決めた。腹が立ったらまず、深呼吸をしながら両手をささっと振るのだ。これは怒りが手のひらや爪の先から水の雫《しずく》のように振り払われるイメージ。さらに、さっそく仕事机の横に鏡を置いた。人に会う前にこの鏡に向かって、最高の笑みをつくるのだ。人に会っている間中、その表情が続くよう心がけている。

10. 安心スポットで心が開く

佐々木さんは胸元と背中の二カ所にある「安心スポット」のことを書かれているが、これだけは唯一、実感できなかった。いつか実技でご指導願いたい。

11. 世の中を変えるのは「皆」ではなくて「私」の集合体だ

この世の中には、変えていかなければならないことが山積している。が、私たちは「誰かが言い出して行動してくれたら、あとからついて行こう」としている。世の中を変えるのは「皆」だと思っているからだ。誰かが「自分がやろう」と立ち上がらないと、「皆」という存在にならない。意見を言うのも、行動を起こすのも、「誰か」ではなく「私」なのである。皆さん、行動する「私」になりましょう。僕はここに宣言します。世の中を変える「私」になります。

◉著者紹介

佐々木かをり

1983年、上智大学外国語学部卒業。大学在学中に米国エルマイラ大学に留学（日米会話学院代表奨学生）。1987年に（株）ユニカルインターナショナル (http://www.unicul.com/) を設立。現在、バイリンガルの人たち2000名以上のネットワークとして、70言語対応で企業向けサービスを行なっている。2000年3月に（株）イー・ウーマンを設立。同年9月にコミュニティーサイト「eWoman(www.ewoman.co.jp)」を開設。コミュニティーの声を反映する新しいビジネスを実現。1988年、ニュービジネス協議会のアントレプレナー特別賞受賞。世界若手起業家組織YEO日本支部第2期会長。プロ意識のある女性のネットワーク（NAPW=Network for Aspiring Professional Women）設立、現在会長。1996年より毎夏「国際女性ビジネス会議」(http://www.women.co.jp/conf) 開催。1996年4月、ヒラリー・クリントン氏と日本で活躍する女性13人との昼食会に招かれる。1987年よりテレビ朝日「ニュースステーション」などでニュースリポーター、1996年7月より2000年4月までTBSテレビ「CBSドキュメント」キャスター。

海外渡航歴約30カ国。内閣府男女共同参画会議「仕事と子育ての両立支援策に関する専門調査会」、内閣府「総合規制改革会議」、公正取引委員会「独禁法懇話会」など委員多数。国際、女性、ネットワーク、インターネット関連での執筆、講演、セミナーなど多数。7歳と2歳の2児の母。著書に『妊婦だって働くよ』（WAVE出版）、『ギブ&ギブンの発想』（ジャストシステム）。翻訳に『インテル戦略転換』（七賢出版）、『さよならメリルリンチ』（日経BP社）などがある。

本書は、一九九七年に㈱ジャストシステムから刊行された『ギブ&ギブンの発想』を改題し、若干の加筆・修正をしたものです。

知恵の森文庫

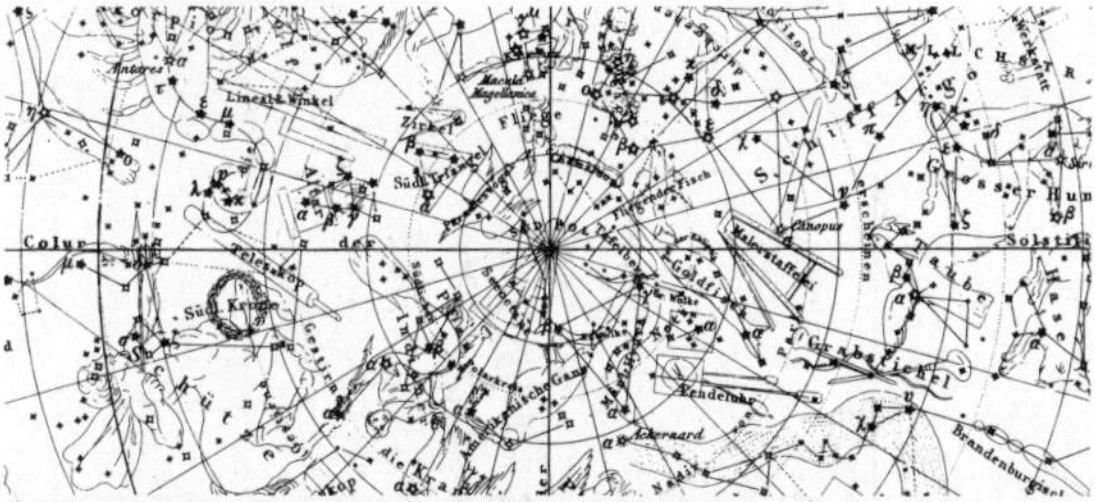

自分《じぶん》が輝《かがや》く7つの発想《はつそう》 ギブ&テイクからギブ&ギブンへ

佐々木《ささき》かをり

2001年12月15日 初版1刷発行

発行者—松下厚
印刷所—萩原印刷
製本所—関川製本
発行所—株式会社光文社
〒112-8011 東京都文京区音羽1-16-6
電話 編集部(03)5395-8282
販売部(03)5395-8113
業務部(03)5395-8125
振替 00160-3-115347

落丁本・乱丁本は業務部でお取替えいたします。
ISBN4-334-78130-6 Printed in Japan

お願い

この本をお読みになって、どんな感想をもたれましたか。「読後の感想」を編集部あてに、お送りください。また最近では、どんな本をお読みになりましたか。これから、どういう本をご希望ですか。どの本にも誤植がないようにつとめておりますが、もしお気づきの点がございましたら、お教えください。ご職業、ご年齢などもお書きそえいただければ幸いです。

東京都文京区音羽一・一六・六
（〒112-8011）
光文社〈知恵の森文庫〉編集部
e-mail:chie@kobunsha.com